Miriam Dornemann

Tolle Taschen selbst genäht

6 Handtaschen

44 Beutel und große Taschen

76 Kleine Täschchen

90 Allgemeine Anleitung

Taschen sind nicht nur schicke und wirkungsvolle Accessoires, die zum Transport von Gegenständen dienen. Sie begleiten uns tagtäglich und wissen mehr über uns als so mancher Andere, denn sie verbergen in ihrem Inneren unsere großen und kleinen Geheimnisse. Dabei sind sie die besten Geheimnishüter, denn ihr Reißverschluss bleibt stets fest verschlossen.

Daher ist dieses Buch viel mehr als ein Anleitungsbuch für tolle selbst genähte Taschen. Es ist ein Buch über die perfekte Begleiterin in allen Lebenslagen.

Als Shopping-Assistentin darf uns die Tasche im Jeansoutfit in die Stadt begleiten und den Einkauf für uns sicher nach Hause bringen. Die große, blumige Strandtasche bietet genug Platz für alles, was man zum Entspannen am Wasser braucht. Im Theater genießen wir die kultivierte Begleitung von Seite 36 mit dem Hauch an Extravaganz, die der Abend verlangt. Und am Wochenende steht uns die gestreifte Reisetasche treu zur Seite. Mit ihrer starken Hülle und dem weichen Kern wird sie zum idealen Beschützer.

Ich wünsche Ihnen viel Vergnügen beim Finden und Nähen Ihrer perfekten Begleiterin.

Ihre

Miriam Dornemann

PS: Meine Lieblingsbegleiterin sehen Sie gleich rechts.

Handtaschen

Eine Frau und ihre Handtasche sind absolut unzertrennlich. Manche Handtaschen begleiten uns ein Leben lang, andere holen wir nur zu besonderen Gelegenheiten hervor. Natürlich kann man nicht nur eine haben, denn die Vielfalt an Formen, Farben und Materialien ist schier unermesslich und absolut verlockend. In diesem Kapitel finden Sie Handtaschen in den verschiedensten Größen, Formen und Farben. Und das Beste daran ist: Sie können sie alle haben!

Johanna Seite 20

Sophia Seite 22

Maria Seite 24

Maja Seite 26

Cosima Seite 28

Emma Seite 30

Anna Seite 32

Marie
Seite 34

Pauline Seite 36

Klara Seite 38

Mia Seite 42

HANDTASCHEN | 19

Blumige Johanna

NAHTZUGABEN
Alle Stoffteile mit 1 cm Nahtzugabe zuschneiden. Vlieseinlage ohne Zugaben ausschneiden.

ANLEITUNG

1... Die Zuschnitte aus Vlieseinlage auf die Rückseiten der entsprechenden Teile aus Oberstoff bügeln. Dann jeweils ein Blendenteil rechts auf rechts auf ein Taschenteil legen und um den Griffausschnitt nähen. Die Blende durch das Loch ziehen, sodass die beiden linken Stoffseiten übereinander liegen und ein sauberer Griffausschnitt entsteht. Die Blende eventuell mit einfachen Heftstichen von Hand an der Tasche fixieren. Für die grüne Tasche eine verdeckte Innentasche nach der Anleitung auf Seite 107 in eines der Taschenaußenteile nähen.

2... Die Taschenteile aus Oberstoff rechts auf rechts legen und die Seiten- und Bodennähte schließen. Dann auf beiden Seiten jeweils Seiten- und Bodennaht auseinanderfalten und die Seitennaht auf die Bodennaht legen. So liegen die noch offenen Kanten für die kleinen seitlichen Abnäher aufeinander. Diese Öffnungen nun laut Zeichnung mit einer Steppnaht schließen.

3... Mit den Taschenteilen aus Futterstoff wie in Schritt 2 beschrieben verfahren, dann die Futtertasche auf rechts drehen. Die noch auf links liegende Tasche aus Oberstoff über die Futtertasche stülpen – die Taschen liegen jetzt rechts auf rechts – und beide Taschen am oberen Rand zusammennähen.

4... Die Tasche durch eines der Grifflöcher auf rechts wenden. Dann das Futter sorgfältig in die Tasche schieben und alles am oberen Rand rundherum nochmals absteppen. Auch an den Grifflöchern Oberstoff und Futter nahe dem Rand zusammennähen.
Für die lilafarbene Tasche aus den Stoffstreifen 3 Rosen anfertigen (siehe Seite 109) und auf die Tasche nähen.

Oberstoff	2x Schnittteil „Tasche"
	2x Schnittteil „Blende"
Futterstoff	2x Schnittteil „Tasche"
	2x Schnittteil „Blende"
Vlieseinlage	2x Schnittteil „Tasche"

SCHWIERIGKEITSGRAD 1

GRÖSSE
ca. 50 cm x 40 cm x 10 cm

**MATERIAL
LILAFARBENE TASCHE**
Oberstoff: Baumwollstoff in Lila mit Schriftzügen, 80 cm x 60 cm

Futterstoff: Baumwollstoff in Lila mit Blasenmuster, 80 cm x 60 cm

Vlieseinlage (siehe Tipp Seite 104), 80 cm x 60 cm

3 Streifen aus Baumwollstoffen in Lilatönen, je 50 cm x 10 cm

GRÜNE TASCHE
Oberstoff: Baumwollstoff in Hellgrün mit Blumen, 80 cm x 60 cm

Futterstoff: Baumwollstoff in Hellgrün mit kleinen Blumen, 80 cm x 60 cm

Vlieseinlage (siehe Tipp Seite 104), 80 cm x 60 cm

Reißverschluss, 16 cm

SCHNITTMUSTERBOGEN A

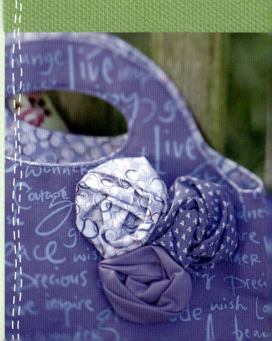

Gestreifte Sophia

SCHWIERIGKEITSGRAD 3

GRÖSSE
26 cm x 30 cm

MATERIAL
Oberstoff: Jeansstoff in Dunkelblau, 60 cm x 80 cm

Futterstoff: Baumwollstoff in Weiß mit Streifen in Rosa, 50 cm x 80 cm

Vlieseinlage (siehe Tipp Seite 104), 50 cm x 80 cm

Dekobänder in Orange-Rosa, 5-10 mm breit, 50 cm lang

Baumwollstoff für Blüte in Pink gemustert, Rest

Filz in Rosa, Rest

Leder in Blau, Rest

Vliesofix, Rest

Reißverschluss in Blau, 28 cm

2 Ösen, ø 15 mm

2 Karabinerhaken für 3 cm starke Bänder

2 Nieten, ø 5 mm

SCHNITTMUSTERBOGEN A

Oberstoff	1x Schnittteil „Tasche"
	1x Schnittteil „Tasche" geteilt
	2x Träger, 80 cm x 3 cm
Futterstoff	1x Schnittteil „Tasche"
	1x Schnittteil „Tasche" geteilt
Vlieseinlage	1x Schnittteil „Tasche"
	1x Schnittteil „Tasche" geteilt
	2x Träger, 80 cm x 3 cm
Leder	2x Schnittteil „Leder"

NAHTZUGABEN

Alle Stoffteile mit 1 cm Nahtzugabe zuschneiden. Vlieseinlage und Leder ohne Zugaben ausschneiden.

ANLEITUNG

1... Das Schnittteil „Tasche" zuerst je 1x komplett aus Oberstoff, Futterstoff und Vlieseinlage zuschneiden. Dann für das Vorderteil die Schnittvorlage an der gestrichelten Linie auseinander schneiden, die einzelnen Teile auf Ober- und Futterstoff auflegen und jeweils rundherum (auch an den Schnittkanten) mit 1 cm Nahtzugabe zuschneiden. Beide Teile auch aus der Vlieseinlage ohne Nahtzugaben zuschneiden. Vor dem Nähen die Zuschnitte aus Vlieseinlage auf die Rückseiten der entsprechenden Zuschnitte aus Oberstoff bügeln.

2... Nun den Reißverschluss am Vorderteil einsetzen. Dafür den Jeansstoff an beiden Vorderteilhälften 1,5 cm nach innen umbügeln und den Reißverschluss einnähen. Dabei sollen die umgebügelten Kanten beider Teile nicht aufeinander treffen, sondern über dem Reißverschluss eine Lücke von 1 cm lassen. Dann die Bänder, Borten und die 5 Blütenblätter laut Foto auf die Vorderseite applizieren (siehe Seite 111).

3... Die zwei Taschenteile aus Oberstoff rechts auf rechts legen und an allen vier Seiten zusammennähen. Dann auf beiden Seiten jeweils Seiten- und Bodennaht auseinanderfalten und die Seitennaht auf die Bodennaht legen. So liegen die noch offenen Kanten für die kleinen seitlichen Abnäher aufeinander. Diese Öffnungen nun laut Zeichnung mit einer Steppnaht schließen und die Tasche durch den Reißverschluß auf rechts wenden.

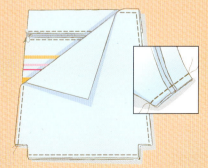

4... Die Futtertasche ebenso zusammennähen. Die Vorderseite ist dabei noch geteilt.

5... Die auf links liegende Futtertasche sorgfältig in die Außentasche einlegen. Am Reißverschluss die Ränder auch hier nach innen umlegen und das Futter von Hand annähen. Am oberen Rand zwei Ösen für die Träger einschlagen. So werden auch Ober- und Futterstoff zusätzlich verbunden.

6... Für den Träger die Stoffstreifen rechts auf rechts legen und die langen Seiten zusammennähen. Den Streifen wenden, flachbügeln und die Ränder mit einem Zierstich versehen. Die Lederstücke durch die Karabinerhaken ziehen und in der Mitte falten. Die Enden des Trägers jeweils dazwischen schieben und mit Kontaktkleber befestigen. Dann zusätzlich festnähen und mit je einer Niete versehen. Zuletzt den Träger mit den Karabinerhaken in die Ösen einhängen.

Geblümte Maria

SCHWIERIGKEITSGRAD 3

GRÖSSE
ca. 28 cm x 22 cm x 6 cm

MATERIAL

Oberstoff 1: Baumwollstoff mit Blumenmuster in Creme-Rosa, 80 cm x 45 cm

Oberstoff 2: Baumwollstoff in Rosa mit Schriften, 60 cm x 80 cm

Oberstoff 3: Baumwollstoff mit Retroprint in Rosa-Orange, 80 cm x 45 cm

Futterstoff: Baumwollstoff mit Retroprint in Rosa-Orange, 80 cm x 45 cm

Vlieseinlage (siehe Tipp Seite 104), 80 cm x 55 cm

Volumenvlies, 80 cm x 55 cm

Gummikordel, 80 cm

4 D-Ringe, 3 cm breit

4 Nieten

2 Kordelstopper

SCHNITTMUSTERBOGEN A

Oberstoff 1	2x Schnittteil „Tasche"
	1x Seitenstreifen, 69 cm x 6 cm
Oberstoff 2	2x Schnittteil „Gerafftes Teil"
Oberstoff 3	4x oberer Träger, 3 cm x 75 cm
	8x unterer Träger, 3 cm x 22 cm
	4x Streifen für Tunnelzug, 1 cm x 20 cm
Futterstoff	2x Schnittteil „Tasche"
	1x Seitenstreifen, 69 cm x 6 cm
Vlieseinlage	Je 2x Schnittteil „Tasche"
	Je 1x Seitenstreifen, 69 cm x 6 cm
	Je 2x oberer Träger, 3 cm x 75 cm

NAHTZUGABEN

Alle Stoffteile mit 1 cm Nahtzugabe zuschneiden. Vlieseinlage ohne Zugaben ausschneiden.

ANLEITUNG

1... Die Zuschnitte aus Vlieseinlage auf die Rückseiten der Zuschnitte aus Oberstoff 1 und der Zuschnitte für die oberen Träger bügeln. Den oberen Rand des gerafften Teiles aus Oberstoff 2 2x knapp nach innen umschlagen und absteppen. Alle 4 Ränder der Streifen für den Tunnelzug ebenfalls nach innen umklappen und die langen Seiten laut Abbildung auf das geraffte Teil nähen. In der Mitte bleibt eine Lücke von ca. 1 cm. Die vier kurzen Seiten bleiben offen.

2... Je zwei Stoffteile für den unteren Träger rechts auf rechts legen, mit einer kleinen Wendeöffnung zusammennähen und auf rechts wenden. Ein Ende eines unteren Trägers durch einen D-Ring ziehen und das Ende nach hinten knicken. Den Träger laut Abbildung auf ein Taschenteil aus Oberstoff nähen und dabei das umgeknickte Ende mit festnähen.

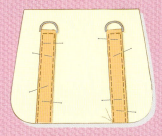

3... Die Gummikordel durch die eine Seite des Tunnelzugs ziehen, dann in der Mitte einen Kordelstopper aufziehen und die Kordel durch den restlichen Tunnelzug fädeln. Die Enden der Gummikordel stehen an den äußeren Rändern über. Dann das Teil mit Tunnelzug links auf rechts auf das Vorderteil legen, die Oberseite auf die passende Weite raffen und den Rand knapp absteppen. Dabei mehrmals über den Tunnelzug mit der Gummikordel nähen, damit diese sich nicht wieder lösen kann. Die Rückseite der Tasche ebenso arbeiten.

4... Den Seitenstreifen an das Vorderteil nähen. Zum leichteren Nähen der Rundungen die Nahtzugabe des Seitenstreifens einige mm einschneiden. Die Rückseite ebenfalls an den Seitenstreifen nähen, dann die Tasche auf rechts drehen.

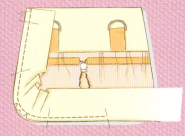

5... Die Futtertasche wie in Schritt 4 beschrieben nähen, jedoch nicht wenden, sondern auf links lassen. Dann die Futtertasche über die auf rechts liegende Tasche aus Oberstoff stülpen, die Taschen liegen nun rechts auf rechts. Die beiden Taschen am oberen Rand zusammennähen, dabei eine kleine Öffnung zum Wenden lassen. Die gesamte Tasche auf rechts wenden, das Futter sorgfältig in die Tasche schieben und den oberen Rand nochmals rundherum absteppen.

6... Jeweils zwei Streifen für den oberen Träger rechts auf rechts legen, die Enden abrunden und bis auf eine kleine Wendeöffnung zusammennähen. Auf rechts drehen und die Ränder nochmals absteppen. Dann die Träger durch die D-Ringe ziehen, nach außen umknicken und festnähen. Zuletzt mit jeweils einer Niete verzieren.

HANDTASCHEN | 25

Maja ganz lila

SCHWIERIGKEITSGRAD 2

GRÖSSE
30 cm x 16 cm x 10 cm

MATERIAL
Oberstoff: Baumwollstoff in Lila mit Libellen, 50 cm x 70 cm

Futterstoff: Baumwollstoff in Lila mit Punkten und Strichen, 75 cm x 70 cm

Vlieseinlage (siehe Tipp Seite 104), 50 cm x 70 cm

Reißverschluss, 35 cm

2 Metallschnallen ohne Mittelstift, 3 cm breit

Schnalle

SCHNITTMUSTERBOGEN A

Oberstoff	1x Schnittteil „Tasche"
	2x Schnittteil „Seite"
	2x Träger, 2,6 cm x 60 cm
Futterstoff	1x Schnittteil „Tasche"
	2x Schnittteil „Seite"
	1x Schnittteil „Schlüsseltasche"
	4x Schnittteil „Trägerhalter"
	2x Träger 3,4 cm x 60 cm
Vlieseinlage	1x Schnittteil „Tasche"
	2x Schnittteil „Seite"
	1x Träger 3 cm x 60 cm

NAHTZUGABEN

Alle Stoffteile mit 1 cm Nahtzugabe zuschneiden. Vlieseinlage ohne Zugaben ausschneiden. Bei Verwendung eines Stoffes mit Musterrichtung die Schnittteile für Tasche und Träger nicht im Stoffbruch zuschneiden, sondern die Hälften einzeln mit Nahtzugabe zuschneiden und an der gestrichelten Linie zusammennähen.

ANLEITUNG

1... Den oberen Rand des Taschenteils aus Oberstoff durch einen 2,5 cm breiten Streifen aus Futterstoff ersetzen. Dann die Zuschnitte aus Vlieseinlage auf die Rückseiten der entsprechenden Teile aus Oberstoff bügeln. Die Schlüsseltasche nach der Anleitung von Seite 108 anbringen. Für den Reißverschluss den Oberstoff an beiden Oberkanten 1,5 cm nach innen knicken und den Reißverschluss einnähen. Die beiden eingeknickten Stoffkanten treffen dabei nicht aufeinander, sondern lassen eine Lücke von 1 cm, die den Reißverschluss zeigt.

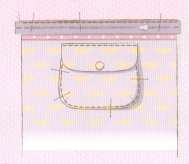

2... Das Taschenteil und ein Seitenteil rechts auf rechts aneinanderlegen und festnähen. Dabei liegen die kleinen Markierungen übereinander. An den Bögen die Nahtzugabe des Taschenteils einige mm einschneiden, so lässt es sich leichter um die Kurve legen. Mit dem zweiten Seitenteil ebenso verfahren.

3... Mit den Teilen aus Futterstoff wie in Schritt 2 beschrieben verfahren, dann die Futtertasche auf rechts wenden und die noch auf links liegende Außentasche darüber stülpen, die Taschen liegen jetzt rechts auf rechts. Bei der Futtertasche an der Oberseite die Nahtzugabe nach innen schlagen und das Futter am Reißverschluss von Hand annähen. Dann die gesamte Tasche durch den Reißverschluss auf rechts wenden.

4... Je 2 Trägerhalter rechts auf rechts legen, die beiden Seiten und den unteren Bogen schließen. Dann auf rechts drehen.

5... Den Trägerhalter durch die Metallschnalle ziehen und den oberen Rand nach hinten knicken. Dann den Halter auf die Seite der Tasche nähen und dabei den umgeknickten Teil mit fixieren.

6... Für die Träger die Vlieseinlagen auf die linke Seite des Futterstoffes bügeln. Die Träger aus Oberstoff in der Mitte zusammennähen, sodass das Muster zur Mitte zeigt. Dann die Träger aus Ober- und Futterstoff rechts auf rechts legen und bis auf eine Wendeöffnung zusammennähen. Nun auf rechts wenden und nochmals die Ränder absteppen. Durch den etwas breiteren Träger aus Futterstoff ergibt sich nach dem Wenden ein interessanter Paspeleffekt. Die Träger auf beiden Seiten durch die Metallschnalle ziehen, die Enden nach innen umklappen und festnähen.

Wendetasche Cosima

SCHWIERIGKEITSGRAD 2

GRÖSSE
ca. 36 cm x 33 cm x 8 cm

MATERIAL
BLAUE BLUMENTASCHE
Oberstoff 1: Baumwollstoff in Blau mit Blumen, 90 cm x 40 cm

Oberstoff 2: Baumwollstoff in Weiß mit Retromuster, 90 cm x 20 cm

Futterstoff: Baumwollstoff in Weiß mit Retromuster, 90 cm x 60 cm

Vlieseinlage (siehe Tipp Seite 104), 80 cm x 50 cm

ROSA TASCHE (Abbildung Seite 12)
Oberstoff 1: Baumwollstoff in Rosa mit Frau und Hund, 90 cm x 40 cm

Oberstoff 2: Baumwollstoff in Pink, 90 cm x 20 cm

Futterstoff: Baumwollstoff in Pink, 90 cm x 60 cm

Vlieseinlage (siehe Tipp Seite 104), 80 cm x 50 cm

SCHNITTMUSTERBOGEN A

NAHTZUGABEN

Alle Stoffteile mit 1 cm Nahtzugabe zuschneiden. Vlieseinlage ohne Zugaben ausschneiden.

ANLEITUNG

Oberstoff 1	2x Schnittteil „Tasche"
Oberstoff 2	2x Schnittteil „Henkel"
Futterstoff	2x Schnittteil „Tasche"
	2x Schnittteil „Henkel"
Vlieseinlage	2x Schnittteil „Tasche"
	2x Schnittteil „Henkel"

1... Die Zuschnitte aus Vlieseinlage auf die Rückseiten der entsprechenden Teile aus Oberstoff bügeln. Dann die Taschenteile rechts auf rechts legen und die Seiten- und die Bodennaht schließen. Nun auf beiden Seiten jeweils Seiten- und Bodennaht auseinanderfalten und die Seitennaht auf die Bodennaht legen. So liegen die noch offenen Kanten für die kleinen seitlichen Abnäher aufeinander. Diese Öffnungen nun laut Zeichnung mit einer Steppnaht schließen. Die Henkelteile aus Oberstoff rechts auf rechts legen und die schmalen Seitennähte schließen. Mit den Taschen- und Henkelteilen aus Futterstoff ebenso verfahren.

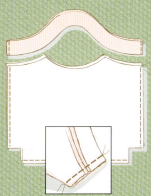

2... Jetzt die Tasche aus Futterstoff auf rechts drehen, dann die noch auf links liegende Tasche aus Oberstoff darüber stülpen – die Taschen liegen jetzt rechts auf rechts – und beide Taschen am kleinen Bogen in der Mitte der Oberkante zusammennähen. Dann die Tasche durch eine der beiden verbliebenen Öffnungen wenden und das Futter zurück in die Außentasche schieben. Für die Henkel das zum Kreis genähte Futterteil in das zum Kreis genähte Oberstoffteil legen (rechts auf rechts) und beide am oberen Bogen entlang rundherum zusammennähen.

3... Das Henkelteil aus Ober- und Futterstoff aufklappen und den Teil aus Oberstoff rechts auf rechts an den noch offenen Stellen des oberen Taschenrandes festnähen. Dazu die Markierungen und Seitennähte übereinander legen.

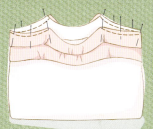

4... Den Futterstoff des Henkels nach innen klappen, die Nahtzugaben nach innen falten und zunächst von Hand an die Futtertasche heften. Dann mit der Maschine einmal rundherum den unteren Rand des Henkels ansteppen.

Tipp Für den Schlüsselhalter einen Stoffstreifen von 10 cm x 2 cm zuschneiden. An diesem alle Ränder nach innen bügeln, dann das Band durch den Karabinerhaken ziehen und die Ränder zusammennähen. Nun das Band mit dem Henkelfutter annähen.

Griffige Emma

Oberstoff 2x Schnittteil „Tasche"
Futterstoff 2x Schnittteil „Tasche"

NAHTZUGABEN
Alle Teile mit 1 cm Nahtzugabe zuschneiden.

ANLEITUNG

1... Die Taschenteile aus Oberstoff rechts auf rechts legen, die Seitennähte bis zur Markierung zusammennähen und die Bodennaht schließen. Dann auf beiden Seiten jeweils Seiten- und Bodennaht auseinanderfalten und die Seitennaht auf die Bodennaht legen. So liegen die noch offenen Kanten für die kleinen seitlichen Abnäher aufeinander. Diese Öffnungen nun laut Zeichnung mit einer Steppnaht schließen. Den Futterstoff ebenso vorbereiten, jedoch im Boden einen Spalt zum Wenden der Tasche offen lassen.

2... Den Futterstoff auf rechts drehen, dann die noch auf links liegende Tasche aus Oberstoff über die Futtertasche stülpen, sodass die beiden Taschen rechts auf rechts liegen. Dann die Seiten oberhalb der Markierung und den oberen Rand schließen.

3... Die Tasche durch die Öffnung im Futter wenden und flachbügeln. Die Wendeöffnung von Hand schließen und die Futtertasche wieder in die Außentasche schieben. Dann den oberen Rand nach außen über den Taschenbügel legen und aufnähen, sodass das Futter außen teilweise sichtbar wird. Abschnittsweise arbeiten, da sich der Stoff sonst kräuselt. Aus dem roten Stoffrest eine Rose anfertigen (siehe Seite 109) und die Tasche damit verzieren.

SCHWIERIGKEITSGRAD 1

GRÖSSE
26 cm x 30 cm

MATERIAL
Oberstoff: Baumwollstoff mit Retromuster in Blau-Grün, 50 cm x 80 cm

Futterstoff: Baumwollstoff in Weiß mit bunten Streifen, 50 cm x 80 cm

Stoffrest in Rot

2 Taschenbügel mit Steg

SCHNITTMUSTERBOGEN A

Wendetasche

Anna zum Wenden

SCHWIERIGKEITSGRAD 2

GRÖSSE
Kleine Tasche in Naturtönen
ohne Henkel 32 cm x 35 cm x 5 cm

Große Tasche in Türkis
ohne Henkel 32 cm x 43 cm x 5 cm

MATERIAL
KLEINE TASCHE IN NATURTÖNEN
(Abbildung Seite 14)

Oberstoff 1: Baumwollstoff in Schwarz mit Ranken, 75 cm x 35 cm

Oberstoff 2: Baumwollstoff in Weiß mit Blättern, 120 cm x 35 cm

Futterstoff: Baumwollstoff in Weiß, 120 cm x 45 cm

Stoffrest in Naturtönen mit Kreisen

Vlieseinlage (siehe Tipp Seite 104), 75 cm x 8 cm

Decovil I, ca. 40 cm x 20 cm

4 Ösen, ø 2 cm

GROSSE TASCHE IN TÜRKIS
Oberstoff 1: Baumwollstoff in Weiß mit Retromuster in Türkis-Rosa, 75 cm x 35 cm

Oberstoff 2: Baumwollstoff in Weiß mit Vögeln und Blumen in Türkis-Rosa, 120 cm x 40 cm

Futterstoff: Baumwollstoff in Weiß mit Retromuster in Türkis-Rosa, 120 cm x 60 cm

Vlieseinlage (siehe Tipp Seite 104), 75 cm x 8 cm

Leder in Türkis, Rest

Decovil I, 40 cm x 20 cm

SCHNITTMUSTERBOGEN A

NAHTZUGABEN

Alle Stoffteile mit 1 cm Nahtzugabe zuschneiden. Vlieseinlage und Leder ohne Zugaben ausschneiden.

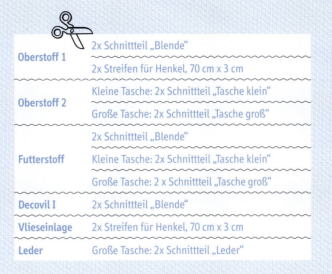

Oberstoff 1	2x Schnittteil „Blende"
	2x Streifen für Henkel, 70 cm x 3 cm
Oberstoff 2	Kleine Tasche: 2x Schnittteil „Tasche klein"
	Große Tasche: 2x Schnittteil „Tasche groß"
Futterstoff	2x Schnittteil „Blende"
	Kleine Tasche: 2x Schnittteil „Tasche klein"
	Große Tasche: 2 x Schnittteil „Tasche groß"
Decovil I	2x Schnittteil „Blende"
Vlieseinlage	2x Streifen für Henkel, 70 cm x 3 cm
Leder	Große Tasche: 2x Schnittteil „Leder"

ANLEITUNG

1... Decovil I und Vlieseinlage jeweils auf die Rückseiten der passenden Zuschnitte aus Oberstoff bügeln. Bei den zwei Taschenteilen aus Oberstoff am oberen Rand die Strecke zwischen den inneren Markierungen von Hand heften und auf 32 cm zusammenraffen. Dann jeweils ein Blendenteil aus Oberstoff rechts auf rechts an das Taschenteil nähen. Dabei liegen die vier Markierungen übereinander.

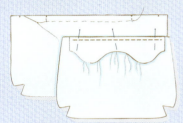

2... Die beiden Taschenteile rechts auf rechts legen und die Seiten- und Bodennähte schließen. Dann auf beiden Seiten jeweils Seiten- und Bodennaht auseinanderfalten und die Seitennaht auf die Bodennaht legen. So liegen die noch offenen Kanten für die kleinen seitlichen Abnäher aufeinander. Diese Öffnungen nun laut Zeichnung mit einer Steppnaht schließen.

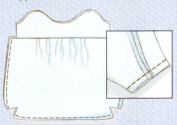

3... Mit den Taschen- und Blendenteilen aus Futterstoff ebenso verfahren. Die Tasche aus Futterstoff auf rechts drehen und die noch auf links liegende Tasche aus Oberstoff darüber stülpen, die Taschen liegen jetzt rechts auf rechts. Die Blenden von Außen- und Innentasche und eine Seite der Oberkanten des Taschenteils gemäß Abbildung zusammennähen. Die gesamte Tasche durch die verbleibende Öffnung auf rechts wenden. Den Futterstoff sorgfältig zurück in die Außentasche schieben und die Tasche entlang der Blendenränder nochmals absteppen. Die überstehenden Seiten des noch offenen Taschenteils (je 3 cm) nach innen klappen und mit einigen Stichen zusammennähen.

4... Für die Tasche in Naturtönen die Enden der Träger mit einem farblich passenden Stoffrest absetzen, dann je zwei Streifen zusammennähen und dabei eine Öffnung zum Wenden lassen. Die Trägerstreifen auf rechts drehen und nochmals rundherum absteppen. Vier Ösen an den Markierungen in die Blende einschlagen, die Träger durchfädeln und die Enden verknoten. Für die Tasche in Türkis je zwei Trägerstreifen zusammennähen und dabei eine Öffnung zum Wenden lassen. Die Trägerstreifen auf rechts drehen und nochmals rundherum absteppen. Dann am oberen Rand der Tasche aufnähen. Die Enden der Träger unter dem Lederteil verstecken.

Romantische Marie

SCHWIERIGKEITSGRAD 3

GRÖSSE
ca. 32 cm x 22 cm x 8 cm

MATERIAL
Oberstoff 1: Baumwollstoff mit Retro-Blumenmuster in Rosa-Orange, 150 cm x 60 cm

Oberstoff 2: Baumwollstoff mit Retro-Bogenmuster in Rosa-Orange, 20 cm x 30 cm

Futterstoff: Baumwollstoff in Rosa, 140 cm x 60 cm

Vlieseinlage (siehe Tipp Seite 104), 90 cm x 80 cm

Volumenvlies, 90 cm x 80 cm

Decovil I, 30 cm x 10 cm

Reißverschluss, 16 cm

2 Metallschnallen ohne Mittelstift, 4 cm breit

Karabinerhaken mit zwei D-Ringen

2 Nieten

Zickzack-Borte in Orange, 50 cm

SCHNITTMUSTERBOGEN A

NAHTZUGABEN

Alle Stoffteile mit 1 cm Nahtzugabe zuschneiden. Vlieseinlage ohne Zugaben ausschneiden.
Bei Verwendung eines Stoffes mit Musterrichtung das Schnittteil „Rückteil" an der gestrichelten Linie auseinander schneiden, den unteren Teil richtig herum und den oberen Teil verkehrt herum auf den Stoff auflegen und beide Teile rundherum mit 1 cm Nahtzugabe zuschneiden. Dann die beiden Teile zusammennähen. Das Muster spiegelt sich nun an der Naht. Die Schnittteile „Seitenstreifen" und „Träger" bei Stoff mit Musterrichtung nicht im Stoffbruch, sondern beide Teile in der gleichen Richtung mit rundherum 1 cm Nahtzugabe zuschneiden. Dann an der mit „Stoffbruch" gekennzeichneten Linie zusammennähen.

ANLEITUNG

1... Alle Zuschnitte aus Vlieseinlage und Volumenvlies (außer am Träger) auf die Rückseiten der entsprechenden Oberstoffteile bügeln.

2... Eine Innentasche nach der Anleitung von Seite 107 in den Futterstoff des Schnittteils „Rückteil" einnähen. Die Vordertasche nach der Anleitung von Seite 108 auf den Oberstoff des Schnittteils „Vorderteil" nähen.

3... Die beiden Stoffstreifen für den Verschluss rechts auf rechts legen und zusammennähen, dabei eine kleine Wendeöffnung frei lassen. Dann auf rechts wenden. 10 cm von diesem Streifen abschneiden. Ein Ende des längeren Stücks durch den D-Ring mit Karabiner ziehen, umknicken und mittig laut Abbildung auf das Rückteil aus Oberstoff nähen.

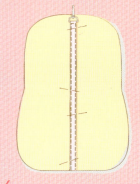

4... Den Seitenstreifen aus Oberstoff rechts auf rechts an das Rückteil aus Oberstoff nähen. Dabei die Markierungen übereinander legen. Zum leichteren Nähen der Rundungen den Seitenstreifen an den Nahtzugaben einige mm einschneiden.

5... Das 10 cm lange Stück des Verschlussstreifens durch den anderen D-Ring ziehen und in der Mitte des Vorderteils aus Oberstoff feststecken. Dann das Vorderteil wie das Rückteil rechts auf rechts auf den Seitenstreifen aus Oberstoff legen und zusammennähen. Auch hier die Markierungen übereinander legen und den Verschlussstreifen mitfassen.

6... Beim Futterstoff ebenfalls Rückteil, Seitenstreifen und Vorderteil zusammennähen. Nun die Zuschnitte aus Decovil I auf die linke Seite des Bodens und 1 cm entfernt vom oberen Rand auf die Seitenteile bügeln. Die Tasche aus Oberstoff auf rechts drehen und die noch auf links liegende Futtertasche darüber stülpen, beide Taschen liegen nun rechts auf rechts. Die Nähte um die Öffnung und die Klappe schließen, nur ein kleines Loch zum Wenden der Tasche offen lassen. Die komplette Tasche wenden, das Futter in die Tasche schieben und den oberen Rand und die Klappe nochmals absteppen.

7... Je zwei Trägerhalterteile rechts auf rechts legen und die beiden Seiten und den unteren Bogen schließen. Das Teil auf rechts drehen.

8... Den Trägerhalter durch die Metallschnalle ziehen und den oberen Rand nach hinten knicken. Dann den Halter unterhalb der Schnalle auf das Seitenteil der Tasche nähen, dabei den umgeknickten Rand mit fixieren. Das zuvor befestigte Decovil I gibt zusätzlichen Halt.

9... Für die Träger die Zuschnitte aus Vlieseinlage auf die Rückseite des Futterstoffes bügeln. Bei Stoffen mit Musterrichtung die Träger aus Oberstoff so in der Mitte zusammennähen, dass das Muster zur Mitte zeigt. Dann die Träger aus Ober- und Futterstoff rechts auf rechts legen, zusammennähen und eine kleine Wendeöffnung frei lassen. Den Träger auf rechts drehen und die Ränder nochmals absteppen. Durch den etwas breiteren Träger aus Futterstoff ergibt sich nach dem Wenden ein interessanter Paspeleffekt. Die Träger durch die Metallschnallen ziehen, ein Stück nach innen umlegen und festnähen.

10... An den Verschlussstreifen je eine Niete befestigen.

Oberstoff 1	1x Schnittteil „Rückteil"
	1x Schnittteil „Vorderteil"
	2x Schnittteil „Seitenstreifen"
	1x Träger 3,6 cm x 140 cm
Oberstoff 2	1x Schnittteil „Vordertasche"
Futterstoff	1x Schnittteil „Rückteil"
	1x Schnittteil „Vorderteil"
	2x Schnittteil „Seitenstreifen"
	4x Schnittteil „Trägerhalter"
	1x Träger 4,4 cm x 140 cm
	2x Streifen für Verschluss 1,5 cm x 60 cm
	2x Innentasche, 16 cm x 18 cm
Vlieseinlage und Volumenvlies	Je 1x Schnittteil „Rückteil"
	Je 1x Schnittteil „Vorderteil"
	Je 1x Schnittteil „Vordertasche"
	Je 2x Schnittteil „Seitenstreifen"
	Je 4x Schnittteil „Trägerhalter"
	Je 1x Träger 4 cm x 140 cm
Decovil I	1x Verstärkung Boden, 16 cm x 8 cm
	2x Verstärkung Trägerhalter, 7 cm x 5 cm

HANDTASCHEN | 35

Grazile Pauline

SCHWIERIGKEITSGRAD 1

GRÖSSE
25 cm x 13 cm

MATERIAL
JEANSTASCHE (Abbildung Seite 16)
Oberstoff: Jeansstoff in Dunkelblau,
65 cm x 30 cm

Futterstoff: Baumwollstoff in Lila,
65 cm x 30 cm

Vlieseinlage (siehe Tipp Seite 104),
65 cm x 30 cm

Verschiedene gemusterte Dekobänder
in Lila-Grün, 10-20 mm breit,
je 60 cm lang

Magnetverschluss

CORDTASCHE
Oberstoff: Cordstoff in Hellblau,
65 cm x 30 cm

Futterstoff: Baumwollstoff geblümt
in Blau-Türkis, 65 cm x 30 cm

Vlieseinlage (siehe Tipp Seite 104),
65 cm x 30 cm

Bunte Dekobänder, 8-12 mm breit,
je 20 cm lang

Magnetverschluss

Knopf zum Beziehen

SCHNITTMUSTERBOGEN A

NAHTZUGABEN

Alle Stoffteile mit 1 cm Nahtzugabe zuschneiden. Vlieseinlage ohne Zugaben ausschneiden.

ANLEITUNG

Oberstoff	2x Schnittteil „Tasche"
	1x Schnittteil „Lasche"
Futterstoff	2x Schnittteil „Tasche"
	1x Schnittteil „Lasche"
Vlieseinlage	2x Schnittteil „Tasche"
	1x Schnittteil „Lasche"

1... Vor dem Nähen die Teile aus Vlieseinlage auf die Rückseiten aller Zuschnitte aus Oberstoff bügeln. Für die Jeanstasche die Dekobänder laut Foto (siehe Seite 16) in V-Form auf das Laschenteil aus Oberstoff nähen.

2... Für die Lasche die Laschenteile aus Ober- und Futterstoff rechts auf rechts legen und entlang des Bogens zusammennähen. Dann die Lasche auf rechts wenden und einen Teil des Magnetverschlusses an der markierten Stelle des Futterstoffs befestigen.

3... Für die Tasche die beiden Taschenteile aus Oberstoff rechts auf rechts zusammenlegen und die Seitennähte und die Bodennaht schließen. Dann auf beiden Seiten jeweils Seiten- und Bodennaht auseinanderfalten und die Seitennaht auf die Bodennaht legen. So liegen die noch offenen Kanten für die kleinen seitlichen Abnäher aufeinander. Diese Öffnungen nun laut Zeichnung mit einer Steppnaht schließen. Den Magnetverschluss an der markierten Stelle befestigen. Mit den Taschenteilen aus Futterstoff ebenso verfahren, nur keinen Magnetverschluss anbringen.

4... Die Tasche aus Oberstoff auf rechts wenden und die Lasche feststecken. Dabei liegt Oberstoff auf Oberstoff rechts auf rechts. Dann die auf links liegende Tasche aus Futterstoff darüber stülpen. Der Futterstoff liegt also rechts auf rechts auf dem Oberstoff.

5... Am oberen Rand die Außentasche und die Futtertasche aneinander steppen und dabei eine Öffnung zum Wenden lassen. Die Lasche wird dabei mit angenäht.

6... Die Tasche durch die Öffnung auf rechts wenden und die Futtertasche sorgfältig in die Außentasche schieben. Dann die Nahtzugabe an der offenen Stelle nach innen schlagen und den oberen Taschenrand und den Laschenrand nochmals knappkantig absteppen. Für die Cordtasche eine Blume aus Dekobändern anfertigen (siehe Seite 109) und auf die Lasche nähen.

Knallrote Klara

SCHWIERIGKEITSGRAD 2

GRÖSSE
26 cm x 30 cm

MATERIAL
Oberstoff: Cordstoff in Rot,
80 cm x 40 cm

Futterstoff: Baumwollstoff in Grün,
80 cm x 40 cm

3 verschiedene Stoffreste für Windrad

Vlieseinlage (siehe Tipp Seite 104),
80 cm x 40 cm

Reißverschluss, 16 cm

Gurtband bzw. Stoffgürtel,
3,5 cm x 50 cm

Druckknopf, ø 7 mm

Knopf zum Beziehen, ø 15 mm

SCHNITTMUSTERBOGEN A

Oberstoff	2x Schnittteil „Tasche"
	1x Schnittteil „Schlüsseltasche"
Futterstoff	2x Schnittteil „Tasche"
	1x Schnittteil „Schlüsseltasche"
Vlieseinlage	2x Schnittteil „Tasche"

3… Eine kleine Innentasche am Futterstoff anbringen (siehe Seite 107). Dann die Taschenteile aus Futterstoff rechts auf rechts legen und Seiten und Boden zusammennähen, dabei eine kleine Öffnung zum Wenden der Tasche offen lassen. Anschließend auch hier die seitlichen Abnäher wie bei der Außentasche schließen.

NAHTZUGABEN
Alle Stoffteile mit 1 cm Nahtzugabe zuschneiden. Vlieseinlage ohne Zugaben ausschneiden.

2… Die Taschenteile aus Oberstoff rechts auf rechts legen und die Seiten- und Bodennähte schließen. Dann auf beiden Seiten jeweils Seiten- und Bodennaht auseinanderfalten und die Seitennaht auf die Bodennaht legen. So liegen die noch offenen Kanten für die kleinen seitlichen Abnäher aufeinander. Diese Öffnungen nun laut Zeichnung mit einer Steppnaht schließen.

ANLEITUNG
1… Die Zuschnitte aus Vlieseinlage auf die Rückseiten der entsprechenden Oberstoffteile bügeln. Die kleine Tasche (= Schlüsseltasche) nach der Anleitung auf Seite 108 anfertigen und mittig auf ein Taschenteil aus Oberstoff nähen. Unter der Taschenklappe den Druckknopf anbringen.

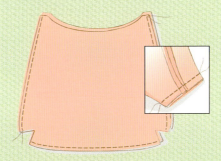

4… Die Tasche aus Oberstoff auf rechts drehen und den Träger an den beiden Seiten mit Stecknadeln mittig über der Seitennaht fixieren. Dann die noch auf links liegende Futtertasche über die Außentasche stülpen – die Taschen liegen jetzt rechts auf rechts – und beide Taschen am oberen Rand rundherum zusammennähen. Die Tasche durch die Öffnung im Futter wenden und diese per Hand schließen. Dann die Futtertasche sorgfältig in die Außentasche schieben und den oberen Rand rundherum nochmals absteppen.

5… Aus den Stoffresten ein Windrad anfertigen (siehe Seite 110) und die Tasche damit dekorieren.

Grüngestreifte Lisa

SCHWIERIGKEITSGRAD 3

GRÖSSE
ca. 28 cm x 22 cm x 6 cm

MATERIAL
Oberstoff: Baumwollstoff mit Blumen in Grün, 65 cm x 85 cm

Futterstoff: Baumwollstoff mit Streifen in Grün, 65 cm x 85 cm

Vlieseinlage (siehe Tipp Seite 104), 55 cm x 80 cm

Volumenvlies, 55 cm x 80 cm

Decovil I, 25 cm x 5 cm

Leder, Rest

4 Ösen, ø 5 mm

2 Ösen, ø 15 mm

Gummikordel, 50 cm

Schnalle

SCHNITTMUSTERBOGEN A

	1x Schnittteil „Vorderteil"
Oberstoff	1x Schnittteil „Rückteil mit Deckel"
	1x Seitenstreifen, 69 cm x 6 cm
	1x Schnittteil „Vorderteil"
Futterstoff	1x Schnittteil „Rückteil mit Deckel"
	1x Seitenstreifen, 69 cm x 6 cm
	2x Streifen für Henkel, 4 cm x 80 cm
	Je 1x Schnittteil „Vorderteil"
Vlieseinlage und Volumen-vlies	Je 1x Schnittteil „Rückteil mit Deckel"
	Je 1x Seitenstreifen, 69 cm x 6 cm
	Je 1x Streifen für Henkel, 4 cm x 80 cm
Leder	4x Schnittteile „Leder"
Decovil I	1x Streifen für Deckel, 22 cm x 3 cm

NAHTZUGABEN

Alle Stoffteile mit 1 cm Nahtzugabe zuschneiden. Vlieseinlage ohne Zugaben ausschneiden, das Leder erhält nur an den Außenseiten der ellipsenförmigen Teile eine Nahtzugabe.

ANLEITUNG

1... Für den Patchwork-Look je nach Wunsch ein oder zwei Teile des Oberstoffes gegen die gleichen Teile aus Futterstoff tauschen, diese Futterstoffteile als Oberstoffteile verwenden und umgekehrt. Dann die Zuschnitte aus Vlieseinlage auf die Rückseiten der entsprechenden Oberstoffteile (bzw. der ausgetauschten Futterstoffteile) bügeln. Das Decovil I auf den Futterstoff „Rückteil mit Deckel" zwischen die vier Markierungspfeile bügeln. Bei beiden Taschenteilen aus Oberstoff an den unteren Ecken auf der rechten Stoffseite die beiden ellipsenförmigen Lederteile mit Kontaktkleber fixieren und die Rundungen absteppen.

2... Den Seitenstreifen aus Oberstoff rechts auf rechts an das Rückteil mit Deckel aus Oberstoff nähen. Die unteren Markierungen zeigen die Ansatzpunkte für Beginn und Ende des Seitenstreifens. Zum leichteren Nähen der Rundungen die Nahtzugabe des Seitenstreifens einige mm einschneiden. Die Vorderseite ebenso an den Seitenstreifen nähen, dann die Tasche auf rechts drehen.

3... Die Tasche aus Futterstoff wie in Schritt 2 beschrieben anfertigen, jedoch nicht wenden, sondern auf links lassen. Dann über die auf rechts liegende Tasche aus Oberstoff stülpen, die Taschen liegen nun rechts auf rechts. Die beiden Taschen am oberen Rand und um die Klappe zusammennähen, dabei eine kleine Öffnung zum Wenden lassen. Die gesamte Tasche auf rechts drehen, das Futter in die Tasche schieben und den Rand und die Klappe rundherum nochmals absteppen.

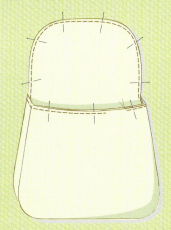

4... Den Kreis und den Halbkreis aus Leder an den markierten Stellen mit Kontaktkleber fixieren und aufnähen. Dadurch werden Oberstoff und Futterstoff zusätzlich verbunden. Auf dem Leder die Schnallenteile anbringen. Die 2 großen Ösen an den markierten Stellen im Deckel einhauen. Sie verbinden Oberstoff, Futterstoff und Decovil I zusätzlich. Die beiden Streifen für den Träger rechts auf rechts legen, zusammennähen und auf rechts wenden. Rundherum noch einmal absteppen, die Enden durch die Ösen ziehen und innen verknoten.

5... In die Seitenstreifen die 4 kleinen Ösen hauen. Der Abstand zum oberen Rand und den Seitenrändern beträgt je 1 cm. Die Gummikordel teilen und so durch die Ösen ziehen, dass die Enden nach außen zeigen. Dann beide Enden zu einer Schleife binden.

Kindertasche Mia

SCHWIERIGKEITSGRAD 2

GRÖSSE
20 cm x 24 cm

MATERIAL
Oberstoff: Baumwollstoff in Rot gepunktet, 70 cm x 30 cm

Futterstoff: Baumwollstoff in Rot gepunktet, 70 cm x 30 cm

Filz in Pink, Rest

Vlieseinlage (siehe Tipp Seite 104), Rest

Bunte Stoffreste

Webband, 50 cm

Zickzack-Borte in Rot, 50 cm

4 Knöpfe

SCHNITTMUSTERBOGEN A

Oberstoff	2x Schnittteil „Tasche"
	2x Schnittteil „Blende"
	4x Henkel, 30 cm x 2 cm
Futterstoff	2x Schnittteil „Tasche"
	2x Schnittteil „Blende"
Stoff- und Filzreste	Schmetterlingsteile
Vlieseinlage	2x Schnittteil „Blende"

NAHTZUGABEN
Alle Stoffteile mit 1 cm Nahtzugabe zuschneiden. Den Schmetterling und die Vlieseinlage ohne Zugaben ausschneiden.

ANLEITUNG

1... Den Schmetterling als Fransenapplikation nach der Anleitung von Seite 111 auf Filz nähen, ausschneiden und mit den Knöpfen dekorieren. Das Webband laut Foto auf die Blende nähen.

2... Die Zuschnitte aus Vlieseinlage jeweils auf die Rückseiten der Blendenteile aus Oberstoff bügeln. Die Oberkanten der Taschenteile aus Oberstoff in Falten legen, dazu die Markierungen zur Mitte hin übereinander legen und alles mit Stecknadeln fixieren. Dann je eine Blende rechts auf rechts an ein Taschenteil nähen, dabei jeweils die Hälfte der Zickzack-Borte zwischen die Lagen legen und mitfassen.

3... Beide Teile der Außentasche rechts auf rechts legen und die Seiten- und Bodennähte schließen. Dann auf beiden Seiten jeweils Seiten- und Bodennaht auseinanderfalten und die Seitennaht auf die Bodennaht legen. So liegen die noch offenen Kanten für die kleinen seitlichen Abnäher aufeinander. Diese Öffnungen nun laut Zeichnung mit einer Steppnaht schließen.

4... Die Taschenteile aus Futterstoff an den Oberkanten ebenfalls in vier Falten legen und mit Stecknadeln fixieren. Dann an jedes Taschenteil ein Blendenteil rechts auf rechts annähen. Nun auch bei der Innentasche beide Taschenteile wie in Schritt 3 beschrieben rechts auf rechts zusammennähen.

5... Je 2 Stoffstreifen für die Henkel rechts auf rechts legen und die langen Seiten zusammennähen. Dann die Henkel auf rechts wenden und die Ränder nochmals absteppen. Die Tasche aus Futterstoff auf rechts drehen und die Henkel gemäß Abbildung außen an den oberen Rand der Blende heften. Der Abstand zwischen beiden Henkeln beträgt ca. 8 cm. Die noch auf links liegende Tasche aus Oberstoff über die Tasche aus Futterstoff stülpen, die Taschen liegen nun rechts auf rechts. Beide Taschen am oberen Rand rundherum zusammennähen, dabei eine Öffnung zum Wenden lassen. Die gesamte Tasche auf rechts wenden, das Futter sorgfältig in die Außentasche schieben und den oberen Rand nochmals rundherum absteppen.

6... Den Schmetterling applizieren.

Beutel und große Taschen

Es gibt Momente im Leben, da muss es einfach etwas mehr Platz in der Tasche sein. Ob als Handgepäck für Frischverliebte beim spontanen Wochenendtrip nach Paris oder als Rundum-Sicher-Paket für den ersten Ausflug mit dem lang ersehnten Nachwuchs: Diese Beutel und Taschen stehen in jeder Situation bereit und fassen garantiert alles, was Sie brauchen. Und wenn der Shopping-Trip mal wieder etwas umfangreicher ausfällt, sind sie die perfekten Mitverschwörer!

Linda Seite 56

Lena Seite 58

Louisa Seite 60

BEUTEL UND GROSSE TASCHEN | 49

Viola Seite 64

Annaida Seite 66

Bella Seite 70

BEUTEL UND GROSSE TASCHEN | 53

Fiona Seite 72

Weiche Linda

SCHWIERIGKEITSGRAD 2

GRÖSSE
ohne Henkel 24 cm x 27 cm x 14 cm

MATERIAL
Oberstoff 1: Cordstoff in Hellblau, 110 cm x 60 cm

Oberstoff 2: Baumwollstoff in Hellblau mit Sternmuster, 60 cm x 25 cm

Futterstoff: Baumwollstoff in Weiß mit Blumen in Hellblau-Grün, 110 cm x 60 cm

Stoffrest für Blüte, 8 cm x 40 cm

Knopf, ø 15 mm

Vlieseinlage (siehe Tipp Seite 104), 60 cm x 35 cm

SCHNITTMUSTERBOGEN B

Wendetasche

NAHTZUGABEN

Alle Stoffteile mit 1 cm Nahtzugabe zuschneiden. Vlieseinlage ohne Zugaben ausschneiden.

Oberstoff 1	2x Schnittteil „Tasche"
	1x Schnittteil „Boden"
Oberstoff 2	2x Streifen für Henkel, 3 cm x 55 cm
Futterstoff	2x Schnittteil „Tasche"
	1x Schnittteil „Boden"
Vlieseinlage	1x Schnittteil „Boden"
	2x Streifen für Henkel, 3 cm x 55 cm

ANLEITUNG

1... Die Zuschnitte aus Vlieseinlage auf die Rückseiten der entsprechenden Teile aus Oberstoff bügeln. Die Taschenteile aus Oberstoff rechts auf rechts legen und die Seitennähte schließen.

2... Am unteren Rand rundherum von Hand Heftstiche nähen.

3... Das Taschenteil mit Stecknadeln jeweils an den Markierungen auf den Boden aus Oberstoff heften, dann die geheftete Naht zusammenraffen und die Naht mit der Nähmaschine fixieren.

4... Mit den Teilen aus Futterstoff ebenso verfahren. Dann die Futtertasche auf rechts wenden, die noch auf links liegende Tasche aus Oberstoff darüber stülpen – die Taschen liegen nun rechts auf rechts – und beide Taschen am oberen Rand rundherum zusammennähen. Dabei eine ausreichend große Wendeöffnung lassen. Die komplette Tasche wenden, die Öffnung von Hand schließen und das Futter sorgfältig in die Tasche schieben. Die Streifen für die Henkel rechts auf rechts legen, zusammennähen und eine Öffnung zum Wenden lassen. Die Streifen wenden und den Rand nochmals rundherum absteppen. Die Henkel an den markierten Stellen an der Tasche befestigen. Dann aus dem Stoffrest eine Blüte anfertigen (siehe Seite 110) und die Tasche damit verzieren.

Geräumige Lena

SCHWIERIGKEITSGRAD 1

GRÖSSE
ca. 50 cm x 40 cm x 10 cm

MATERIAL

Oberstoff 1: 4 verschiedene Baumwollstoffe mit Punkten, Blumen und uni, je 50 cm x 50 cm

Oberstoff 2: Baumwollstoff in Hellblau, ca. 90 cm x 20 cm

Futterstoff: Baumwollstoff in Weiß, 120 cm x 60 cm

Vlieseinlage (siehe Tipp Seite 104), 50 cm x 15 cm

Gartenschlauch, ø 8 mm, 150 cm lang

2 Verbindungsstücke für Gartenschlauch

NAHTZUGABEN

Alle Stoffteile mit 1 cm Nahtzugabe zuschneiden. Vlieseinlage ohne Zugaben ausschneiden.

Oberstoff 1 (Patchwork)	2x Schnittteil „Tasche"
	2x Schnittteil „Blende"
Oberstoff 2	2x Streifen für Henkel, 90 cm x 8 cm
Futterstoff	2x Schnittteil „Tasche"
	2x Schnittteil „Blende"
Vlieseinlage	1x Bodenstreifen, 45 cm x 10 cm

ANLEITUNG

1... Für das Schnittmuster die Maße und Markierungen der Vorlage auf einen großen Bogen Papier übertragen und zuschneiden.

2... Die vier Oberstoffe 1 in unterschiedlich breite Streifen schneiden und zu einem Patchwork verarbeiten. Daraus das Schnittteil „Tasche" 2x zuschneiden. Die Blendenteile aus Oberstoff jeweils rechts auf rechts an den oberen Rand eines Taschenteils aus Oberstoff nähen.

3... Die Taschenteile aus Oberstoff rechts auf rechts legen, dann die Bodennaht und die Seitennähte bis zur Markierung schließen. Nun auf beiden Seiten jeweils Seiten- und Bodennaht auseinanderfalten und die Seitennaht auf die Bodennaht legen. So liegen die noch offenen Kanten für die kleinen seitlichen Abnäher aufeinander. Diese Öffnungen nun laut Zeichnung mit einer Steppnaht schließen. Die Vlieseinlage auf der linken Seite über die Bodennaht legen und aufbügeln. Mit den Teilen aus Futterstoff ebenso verfahren.

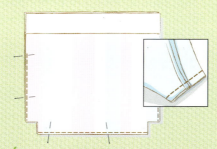

4... Die Tasche aus Futterstoff auf rechts drehen, dann die noch auf links liegende Tasche aus Oberstoff darüber stülpen, die Taschen liegen jetzt rechts auf rechts. Beide Taschen an den Seitenschlitzen und am oberen Rand rundherum zusammennähen. Eine kleine Öffnung zum Wenden offen lassen. Die gesamte Tasche wenden, die Öffnung von Hand schließen und das Futter sorgfältig in die Tasche schieben.

5... Die Henkelstreifen der Länge nach zur Mitte falten und beide Längskanten noch einmal nach innen legen. Dann knappkantig von rechts absteppen. Den Gartenschlauch in der Mitte teilen, je einen Henkel darüber stülpen und den Schlauch mit Hilfe der Verbindungsstücke (und eventuell Kraftkleber) zum Kreis schließen. Den oberen Rand der Tasche von innen nach außen über den Henkel falten und feststecken, dabei das Verbindungsstück verstecken. Dann mit der Nähmaschine stückweise festnähen.

Wendige *Louisa*

NAHTZUGABEN

Alle Stoffteile mit 1 cm Nahtzugabe zuschneiden. Vlieseinlage ohne Zugaben ausschneiden.

ANLEITUNG

1... Die Taschenteile aus Oberstoff rechts auf rechts legen und Seiten und Boden zusammennähen. Dann auf beiden Seiten jeweils Seiten- und Bodennaht auseinanderfalten und die Seitennaht auf die Bodennaht legen. So liegen die noch offenen Kanten für die kleinen seitlichen Abnäher aufeinander. Diese Öffnungen nun laut Zeichnung mit einer Steppnaht schließen. Das Decovil auf der linken Seite auf den Boden über die Naht legen und durch Bügeln fixieren.

2... Mit den Taschenteilen aus Futterstoff ebenso verfahren, jedoch keine Vlieseinlage aufbügeln. Dann die Futtertasche auf rechts drehen. Nun die noch auf links liegende Außentasche über die Futtertasche stülpen, die beiden Taschen liegen jetzt rechts auf rechts. Die geschwungenen Ränder am oberen Rand zusammennähen. An den oberen Trägerenden ausreichend Platz zum Wenden und Zusammennähen lassen. Dann die Tasche durch eine der Trägeröffnungen wenden, das Futter sorgfältig in die Tasche schieben und alles flachbügeln.

4... Für die kleine Tasche aus den Stoffresten 3 Blüten anfertigen (siehe Seite 110) und damit die Tasche dekorieren.

Kleine Tasche	
Oberstoff	2x Schnittteil „Tasche klein"
Futterstoff	2x Schnittteil „Tasche klein"
Vlieseinlage	Rechteck, 12 cm x 24 cm
Große Tasche	
Oberstoff	2x Schnittteil „Tasche groß"
Futterstoff	2x Schnittteil „Tasche groß"
Decovil I	Rechteck, 20 cm x 36 cm

3... Die oberen Trägerränder des Oberstoffs rechts auf rechts legen und mit 1 cm Zugabe zusammennähen. Mit dem Futter ebenso verfahren. Dann die Nahtzugaben an den Längsseiten nach innen legen, die beiden Träger aufeinander legen und von Hand die noch offenen Kanten schließen. Mit dem zweiten Träger ebenso verfahren.

SCHWIERIGKEITSGRAD 1

GRÖSSE
Kleine Tasche 30 cm x 40 cm x 12 cm
Große Tasche 50 cm x 55 cm x 20 cm

MATERIAL
KLEINE TASCHE
Oberstoff: Jeansstoff in Dunkelblau mit Nadelstreifen, 90 cm x 60 cm
Futterstoff: Baumwollstoff in Weiß mit Blumen, 90 cm x 60 cm
Stoffreste für Blüten, je 8 cm x 40 cm
Decovil I, 14 cm x 26 cm
3 Knöpfe, ø 15 mm

GROSSE TASCHE
Oberstoff: Baumwollstoff mit Blumen in Blau-Weiß, 140 cm x 80 cm
Futterstoff: Baumwollstoff mit Blumen in Weiß-Blau, 140 cm x 80 cm
Decovil I, 22 cm x 38 cm

SCHNITTMUSTERBOGEN B

Handliche Lotta

SCHWIERIGKEITSGRAD 2

GRÖSSE
30 cm x 40 cm x 12 cm

MATERIAL
JEANS-SHOPPER
Oberstoff: Je 1 alte Jeanshose in Schwarz und Blau

Futterstoff: Baumwollstoff mit Streifen in Blau-Weiß, 80 cm x 50 cm

Leder in Braun, 50 cm x 20 cm

Kordel, ø 1 cm, 3 m lang

4 Ösen, ø 15 mm

Vlieseinlage (siehe Tipp Seite 104), ca. 70 cm x 50 cm

JUGENDSTIL-SHOPPER
Oberstoff: Canvas oder Markise in Beige, 110 cm x 50 cm

Futterstoff: Baumwollstoff in Türkis, 140 cm x 50 cm

Leder in Türkis, 50 cm x 20 cm

Vlieseinlage (siehe Tipp Seite 104), ca. 70 cm x 50 cm

Strasssteine zum Aufbügeln in Koralle, ca. 40 Stück

SCHNITTMUSTERBOGEN B

NAHTZUGABEN
Alle Stoffteile mit 1 cm Nahtzugabe zuschneiden. Beim Leder nur an den Seiten und am Boden Nahtzugabe hinzufügen. Die Vlieseinlage ohne Zugaben ausschneiden.

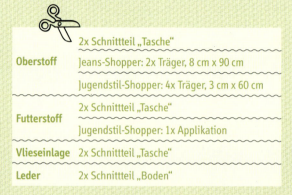

	2x Schnittteil „Tasche"
Oberstoff	Jeans-Shopper: 2x Träger, 8 cm x 90 cm
	Jugendstil-Shopper: 4x Träger, 3 cm x 60 cm
Futterstoff	2x Schnittteil „Tasche"
	Jugendstil-Shopper: 1x Applikation
Vlieseinlage	2x Schnittteil „Tasche"
Leder	2x Schnittteil „Boden"

ANLEITUNG

1... Für den Jeans-Shopper die Jeanshosen in Streifen schneiden und nach Belieben zu einer Patchworkfläche zusammennähen. Eine Gesäßtasche aus Jeans als Futtertasche zurücklegen. Dann aus der Patchworkfläche die Teile für die Außentasche zuschneiden. Die Rückseite mit Vlieseline verstärken, dann das Leder auf den Taschenteilen zuerst mit Kontaktkleber fixieren und dann entlang der Oberkante knappkantig feststeppen. Für den Jugendstil-Shopper das Bild auf die Tasche applizieren und Auge und Schwanzfedern mit Strasssteinen zum Aufbügeln dekorieren.

2... Die Taschenteile aus Oberstoff rechts auf rechts legen und die Seiten und den Boden zusammennähen, die Nähte ausklopfen bzw. pressen, da sie sonst sehr dick sind. Dann auf beiden Seiten jeweils Seiten- und Bodennaht auseinanderfalten und die Seitennaht auf die Bodennaht legen. So liegen die noch offenen Kanten für die kleinen seitlichen Abnäher aufeinander. Diese Öffnungen nun laut Zeichnung mit einer Steppnaht schließen.

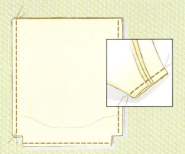

3... Für den Jeans-Shopper die Gesäßtasche der Jeanshose mittig auf die rechte Seite eines Taschenteils aus Futterstoff nähen. Für den Jugendstil-Shopper je zwei Trägerstreifen an den langen Seiten zusammennähen, auf rechts drehen und laut Foto mit Stecknadeln am Außenstoff fixieren.

Die Tasche aus Futterstoff wie in Schritt 2 beschrieben zusammennähen. Die Futtertasche auf rechts drehen, die noch auf links liegende Außentasche darüber stülpen – die Taschen liegen jetzt rechts auf rechts – und beide Taschen am oberen Rand zusammensteppen. Dabei eine kleine Öffnung zum Wenden lassen.

Für den Jugendstil-Shopper die gesamte Tasche durch die Öffnung auf rechts wenden. Den Futterstoff in die Außentasche schieben, dabei oben aber etwas über den Rand schieben, sodass er noch sichtbar ist. Dann den oberen Rand rundherum nochmals absteppen.

Für den Jeans-Shopper die gesamte Tasche durch die Öffnung auf rechts wenden, die Futtertasche in die Außentasche schieben und den oberen Rand rundherum nochmals absteppen. Dann die 4 Ösen laut Foto einschlagen. Die Kordel in 2 Stücke à 1,5 m teilen, ein Teil jeweils durch die zwei Ösen einer Seite ziehen und doppelt legen. Die zwei Enden eines Kordelstücks mit einigen Stichen verbinden. Die Jeansstreifen für die Träger jeweils der Länge nach mittig falten und dann die Außenkanten zur Mitte nach innen bügeln. Um die doppelte Kordel legen und mit einigen Heftstichen fixieren. Mit der Nähmaschine zusammennähen und den Heftstich entfernen.

Anmutige Viola

NAHTZUGABEN

Alle Stoffteile mit 1 cm Nahtzugabe zuschneiden. Vlieseinlage und Leder ohne Zugaben ausschneiden.

ANLEITUNG

1... Die Zuschnitte aus Vlieseinlage und Volumenvlies auf die Rückseiten der entsprechenden Teile aus Oberstoff 1 bügeln. Eine verdeckte Tasche mit Reißverschluss nach der Anleitung von Seite 107 in ein Schnittteil „Tasche" aus Oberstoff 1 nähen. Das Stoffstück aus Oberstoff 2 in der Mitte falten und links auf links zusammenlegen, sodass die rechte Seite außen liegt. Dann laut Abbildung auf das Taschenteil mit dem Reißverschluss nähen und 3 kleine Taschen absteppen.

2... Die Seitenteile aus Oberstoff mit den langen Seiten rechts auf rechts auf das Vorderteil mit den Taschen legen und annähen. Dabei nicht bis zum unteren Rand nähen, sondern die Naht 1 cm vorher beenden.

3... Nun die Seitenteile unten 1 cm nach oben klappen und fixieren. Dann den Boden aus Oberstoff mit der langen Seite rechts auf rechts an das Vorderteil legen und die untere Naht schließen. Dabei ebenfalls an beiden Seiten je 1 cm frei lassen. Jetzt jeweils die kurzen Seiten der Seitenteile und die kurzen Seiten des Bodens rechts auf rechts zusammenlegen und zusammennähen. Jeweils drei Nähte treffen nun aufeinander. Dann das 2. Teil „Tasche" aus Oberstoff als Taschenrückseite rechts auf rechts an die Seitenteile und den Boden stecken und festnähen. Die Tasche aus Oberstoff auf rechts drehen.

4... Aus dem Futterstoff wie in Schritt 2 und 3 beschrieben ebenfalls eine Tasche nähen.

5... Die noch auf links liegende Tasche aus Futterstoff über die Tasche aus Oberstoff stülpen, die Taschen liegen jetzt rechts auf rechts. Dann beide Taschen am oberen Rand zusammennähen, dabei eine kleine Wendeöffnung frei lassen. Die gesamte Tasche wenden, das Futter sorgfältig in die Außentasche schieben und den oberen Rand rundherum nochmals absteppen. Das Gurtband halbieren und die Enden je einer Hälfte am oberen Rand der Tasche festnähen. Der Abstand zwischen beiden Enden beträgt ca. 14 cm. Über die Enden des Gurtbandes einen Rest Leder nähen, um diese zu verstecken.

SCHWIERIGKEITSGRAD 3

GRÖSSE
30 cm x 30 cm x 6 cm

MATERIAL
Oberstoff 1: Baumwollstoff in Weiß mit Blumen und Vögeln, 90 cm x 40 cm

Oberstoff 2: Baumwollstoff mit Retrodesign in Türkis-Rosa, ca. 40 cm x 40 cm

Futterstoff: Baumwollstoff mit Retrodesign in Türkis-Rosa, ca. 90 cm x 40 cm

Leder in Türkis, Rest

Vlieseinlage (siehe Tipp Seite 104), ca. 90 cm x 40 cm

Volumenvlies, ca. 90 cm x 40 cm

Reißverschluss, 14 cm

Gurtband, 3 cm x 80 cm

SCHNITTMUSTERBOGEN B

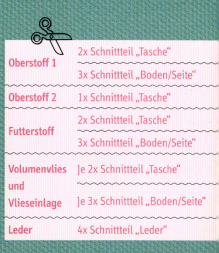

Oberstoff 1	2x Schnittteil „Tasche"
	3x Schnittteil „Boden/Seite"
Oberstoff 2	1x Schnittteil „Tasche"
Futterstoff	2x Schnittteil „Tasche"
	3x Schnittteil „Boden/Seite"
Volumenvlies und Vlieseinlage	Je 2x Schnittteil „Tasche"
	Je 3x Schnittteil „Boden/Seite"
Leder	4x Schnittteil „Leder"

Rosige Annaida

SCHWIERIGKEITSGRAD 2

GRÖSSE
ca. 34 cm x 47 cm

MATERIAL

Oberstoff 1: Baumwollstoff in Braun mit Blumen, 110 cm x 50 cm

Oberstoff 2: Baumwollstoff in Rosa mit Rautenmuster, 125 cm x 30 cm

Futterstoff: Baumwollstoff in Braun mit Rautenmuster, 110 cm x 70 cm

Vlieseinlage (siehe Tipp Seite 104), ca. 70 cm x 20 cm

2 große Knöpfe

SCHNITTMUSTERBOGEN B

NAHTZUGABEN

Alle Stoffteile mit 1 cm Nahtzugabe zuschneiden. Vlieseinlage ohne Zugaben ausschneiden.

Oberstoff 1	2x Schnittteil „Tasche"
Oberstoff 2	2x Schnittteil „Blende"
	2x Streifen für Henkel, 60 cm x 4 cm
Futterstoff	2x Schnittteil „Tasche"
	2x Schnittteil „Blende"
	4x Streifen für Henkelabschluss, 10 cm x 4 cm
Vlieseinlage	2x Schnittteil „Blende"
	1x Streifen für Henkel, 70 cm x 4 cm

ANLEITUNG

1... Die Vlieseinlage jeweils auf die Rückseiten der Blendenteile aus Oberstoff bügeln. Die Oberkanten der Taschenteile aus Oberstoff in Falten legen, dazu die Markierungen zur Mitte hin übereinander legen und alles mit Stecknadeln fixieren. Dann die Blenden aus Oberstoff rechts auf rechts an die Taschenteile nähen.

2... Beide Teile der Außentasche rechts auf rechts legen und die Seiten- und Bodennähte schließen. Dann auf beiden Seiten jeweils Seiten- und Bodennaht auseinanderfalten und die Seitennaht auf die Bodennaht legen. So liegen die noch offenen Kanten für die kleinen seitlichen Abnäher aufeinander. Diese Öffnungen nun laut Zeichnung mit einer Steppnaht schließen.

3... Die Taschenteile aus Futterstoff an den Oberkanten ebenfalls in vier Falten legen und mit Stecknadeln fixieren. Dann an jedes Taschenteil ein Blendenteil aus Futterstoff rechts auf rechts annähen. Nun auch bei der Futtertasche beide Taschenteile rechts auf rechts zusammennähen.

4... Die Tasche aus Futterstoff auf rechts drehen und die noch auf links liegende Tasche aus Oberstoff darüber stülpen – die Taschen liegen nun rechts auf rechts. Beide Taschen am oberen Rand rundherum zusammennähen, dabei eine Öffnung zum Wenden lassen. Die gesamte Tasche auf rechts wenden, das Futter sorgfältig in die Tasche schieben und den oberen Rand rundherum nochmals absteppen.

5... An die beiden Enden der Henkelstreifen jeweils die Henkelabschlüsse aus Futterstoff nähen. Dann den Zuschnitt aus Vlieseinlage auf die Rückseite eines Streifens bügeln. Nun beide Streifen rechts auf rechts legen und bis auf eine Wendeöffnung zusammennähen, dabei die Enden spitz zulaufen lassen. Überschüssigen Stoff abschneiden, den Henkel wenden und an die Seiten der Tasche nähen. Mit 2 Knöpfen verzieren.

Laura ganz anders

NAHTZUGABEN

Alle Stoffteile mit 1 cm Nahtzugabe zuschneiden. Vlieseinlage und Leder ohne Zugaben ausschneiden.

ANLEITUNG

1... Die Zuschnitte aus Volumenvlies auf die Rückseiten der Trägerstreifen bügeln. Die kleine Tasche auf der Vorderseite nach der Anleitung von Seite 108 anfertigen und auf eine Taschenseite aus Oberstoff nähen. Dann die beiden Taschenteile aus Oberstoff rechts auf rechts legen und die längeren schrägen Seiten und den Boden zusammen nähen. Dann auf beiden Seiten jeweils Seiten- und Bodennaht auseinanderfalten und die Seitennaht auf die Bodennaht legen. So liegen die noch offenen Kanten für die seitlichen Abnäher aufeinander. Diese Öffnungen nun laut Zeichnung mit einer Steppnaht schließen. Das Decovil I von links über die Naht in den Boden bügeln.

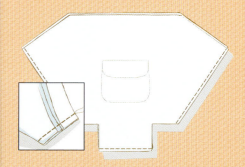

2... Die Tasche auf links lassen und den Reißverschluss mit der Oberseite nach unten zeigend gemäß der Abbildung zwischen den Markierungspfeilen zunächst feststecken und dann nähen. Nun die Tasche auf rechts wenden.

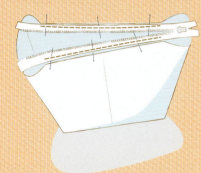

4... Je 2 Trägerstreifen rechts auf rechts legen und die langen Seiten zusammennähen. Auf rechts wenden und den Rand nochmals absteppen. Die Enden der Träger unter den Lederstücken verstecken und beides an der markierten Stelle auf die Tasche nähen.

3... Die Tasche aus Futterstoff wie in Schritt 1 beschrieben zusammennähen. Den oberen Rand 1 cm nach innen schlagen, die Futtertasche auf links liegend in die Außentasche einlegen und das Futter am Reißverschluss annähen. Dabei das offene Ende des Reißverschlusses im Futter verschwinden lassen. Das geschlossene Ende bleibt sichtbar.

SCHWIERIGKEITSGRAD 3

GRÖSSE
35 cm x 40 cm x 20 cm

MATERIAL
Oberstoff: Jeansstoff in Dunkelblau, 140 cm x 90 cm

Futterstoff: Baumwollstoff in Weiß mit Blumen, 140 cm x 90 cm

Leder in Blau, 25 cm x 25 cm

Volumenvlies, 55 cm x 10 cm

Decovil I, 25 cm x 25 cm

Reißverschluss, 45 cm

Knopf, ø 2 cm

SCHNITTMUSTERBOGEN B

	2x Schnittteil „Tasche"
Oberstoff	1x Schnittteile „Vordertasche"
	4x Trägerstreifen, 3,5 cm x 50 cm
Futterstoff	2x Schnittteil „Tasche"
	1x Schnittteile „Vordertasche"
Volumenvlies	2x Trägerstreifen, 3,5 cm x 50 cm
Decovil I	1x Verstärkung Boden, 20 cm x 20 cm
Leder	2x Befestigung Träger, 20 cm x 10 cm

Geblümte Bella

NAHTZUGABEN

Alle Stoffteile mit 1 cm Nahtzugabe zuschneiden. Vlieseinlage ohne Zugaben ausschneiden.

Oberstoff 1	1x Schnittteil „Boden"
	2x Schnittteil „Oberseite"
	2x Schnittteil „Seite"
Oberstoff 2	8x Träger unten, 4 cm x 30 cm
	4x Träger unten, 4 cm x 80 cm
	4x Verstärkung Seitennähte, 4 cm x 20 cm
	4x Stoffstreifen für Aufhängung D-Ring, 3 cm x 8 cm
Futterstoff	1x Schnittteil „Boden"
	2x Schnittteil „Oberseite"
	2x Schnittteil „Seite"
Vlieseinlage und Volumenvlies	1x Schnittteil „Boden"
	2x Schnittteil „Oberseite"
	2x Schnittteil „Seite"
	2x Träger oben, 4 cm x 80 cm
Decovil I	1x Bodenverstärkung, 55 cm x 23 cm

ANLEITUNG

1... Die Zuschnitte aus Vlieseinlage und Volumenvlies auf die Rückseiten der entsprechenden Teile aus Oberstoff bügeln. Dann den Reißverschluss an die langen, geraden Seiten der Schnittteile „Oberseite" nähen. Dazu die Kanten 1,5 cm nach innen schlagen und den Reißverschluss einnähen. Die beiden eingeschlagenen Stoffkanten treffen dabei nicht aufeinander, sondern lassen eine Lücke von 1 cm, die den Reißverschluss zeigt.

2... Nun das Oberseiten-Reißverschluss-Teil mit den beiden kurzen Seiten rechts auf rechts an die beiden kurzen Seiten des Bodens aus Oberstoff legen und die Teile zusammennähen.

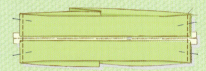

3... Je zwei kleine Stoffstreifen für die Aufhängung rechts auf rechts legen und an den langen Seiten zusammennähen. Die Streifen auf rechts wenden und zur Hälfte durch die D-Ringe ziehen.
Für die Verstärkung der Seitennähte je 2 der Stoffstreifen für die Verstärkung rechts auf rechts legen und die langen Seiten schließen. Die Streifen auf rechts wenden und jeweils seitlich am Bodenteil unterhalb des Reißverschlusses feststecken. Die Aufhänger mit den offenen Seiten darunter schieben und mit festnähen.

4... Je zwei Stoffstreifen für die 4 unteren Träger rechts auf rechts legen und die langen Seiten schließen. Die Träger auf rechts drehen und gemäß der Abbildung bzw. der Markierungen im Schnitt auf die Seiten der Tasche nähen. Dabei ein Ende der Träger durch eine Schnalle ziehen, den Stoff nach hinten knicken und festnähen. Mit allen 4 unteren Trägerteilen so verfahren.

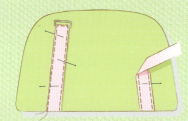

5... Das aus Oberseite und Boden zusammengenähte Teil rundherum rechts auf rechts auf die Seitenteile aus Oberstoff legen und zusammennähen. Dabei liegen die Markierungen an den Seitenteilen und die Naht zwischen Oberseite und Boden direkt übereinander. Die Tasche durch den Reißverschluss auf rechts wenden.

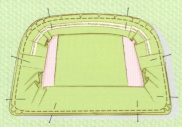

6... Mit den Oberteilen, dem Bodenteil und den Seitenteilen aus Futterstoff ebenso eine Tasche anfertigen, anstelle des Reißverschlusses bleibt eine entsprechende Lücke. Das Decovil I auf die linke Seite des Futterstoffes auf den Boden bügeln. Dann die auf links liegende Tasche aus Futterstoff sorgfältig in die Außentasche einlegen und das Futter von Hand am Reißverschluss annähen. Die Bodennägel am Boden befestigen und damit Oberstoff, Futterstoff und Decovil I nochmals verbinden.

7... Je zwei Stoffstreifen für die beiden oberen Träger rechts auf rechts legen und die langen Seiten schließen. Die Träger auf rechts drehen und die Ränder nochmals absteppen. Dann durch den oberen Teil von je 2 nebeneinander liegenden Schnallen ziehen, nach hinten knicken und festnähen.

SCHWIERIGKEITSGRAD 2

GRÖSSE
56 cm x 34 cm x 20 cm

MATERIAL
Oberstoff 1: Baumwollstoff in Grün mit Blumen, 140 cm x 100 cm

Oberstoff 2: Baumwollstoff in Rosa mit Streifen, 110 cm x 100 cm

Futterstoff: Baumwollstoff in Rosa, 140 cm x 100 cm

Reißverschluss grob in Weiß, 66 cm

Vlieseinlage (siehe Tipp Seite 104), 140 cm x 100 cm

Volumenvlies, 140 cm x 100 cm

Decovil I, 60 cm x 25 cm

2 D-Ringe, 3 cm breit

4 Schnallen mit Mittelstift, 4 cm breit

4 Bodennägel

SCHNITTMUSTERBOGEN A

Fiona in Jeans

NAHTZUGABEN
Alle Stoffteile mit 1 cm Nahtzugabe zuschneiden. Vlieseinlage ohne Zugaben ausschneiden.

Oberstoff	1x Schnittteil „Boden"
	1x Schnittteil „Kleingeldtasche"
	2x Schnittteil „Oberseite"
	2x Schnittteil „Seite"
	1x Stoffstreifen für Reißverschluss, 30 cm x 1 cm
	4x Stoffstreifen für Aufhängung D-Ring, 3 cm x 8 cm
Futterstoff	1x Schnittteil „Boden"
	2x Schnittteil „Oberseite"
	2x Schnittteil „Seite"
Vlieseinlage und Volumenvlies	Je 1x Schnittteil „Boden"
	Je 1x Schnittteil „Kleingeldtasche"
	Je 2x Schnittteil „Oberseite"
	Je 2x Schnittteil „Seite"
Decovil I	1x Bodenverstärkung, 55 cm x 23 cm

2... Nun das Oberseiten-Reißverschluss-Teil mit den beiden kurzen Seiten rechts auf rechts an die beiden kurzen Seiten des Bodens aus Oberstoff legen und die Teile zusammennähen.

3... Je zwei kleine Stoffstreifen für die Aufhängung rechts auf rechts legen und an den langen Seiten zusammennähen. Die Streifen auf rechts wenden und zur Hälfte durch die D-Ringe ziehen.
Vom Gurtband 2x 25 cm abtrennen und jeweils seitlich am Bodenteil direkt unterhalb des Reißverschlusses feststecken. Die Aufhänger mit den offenen Seiten darunter schieben und mit festnähen.

ANLEITUNG

1... Die Zuschnitte aus Vlieseinlage und Volumenvlies auf die Rückseiten der Teile aus Oberstoff bügeln. Dann den längeren Reißverschluss an die langen, geraden Seiten der Schnittteile „Oberseite" nähen. Dazu die Kanten 1,5 cm nach innen schlagen und den Reißverschluss einnähen. Die beiden eingeschlagenen Stoffkanten treffen dabei nicht aufeinander, sondern lassen eine Lücke von 1 cm, die den Reißverschluss zeigt.

4… Die Kleingeldtasche an eine Seite des kürzeren Reißverschlusses nähen, dazu die Kante des Stoffteiles 1,5 cm nach innen schlagen. Die andere Seite des Reißverschlusses an den 30 cm langen Stoffstreifen nähen, diesen dabei an den langen Seiten knapp nach innen schlagen. Dann die Kleingeldtasche mit Reißverschluss mittig und bündig zur Unterkante auf eine Taschenseite aus Oberstoff nähen. Die Enden von zwei 40 cm langen Gurtbändern durch die Metallschnallen ziehen und laut Abbildung auf die Tasche nähen. Die Seitennähte der Kleingeldtasche verschwinden somit unter den Gurtbändern. Die zweite Taschenseite aus Oberstoff ohne Kleingeldtasche ebenfalls mit Gurtbändern versehen.

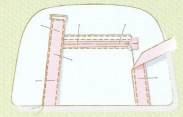

5… Das aus Oberseite und Boden zusammengenähte Teil rundherum rechts auf rechts auf die Seitenteile aus Oberstoff legen und zusammennähen. Dabei liegen die Markierungen an den Seitenteilen und die Naht zwischen Oberseite und Boden direkt übereinander. Die Tasche durch den Reißverschluss auf rechts wenden.

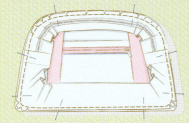

6… Mit den Oberteilen, dem Bodenteil und den Seitenteilen aus Futterstoff ebenso eine Tasche anfertigen, anstelle des Reißverschlusses bleibt eine entsprechende Lücke. Das Decovil I auf die linke Seite des Futterstoffes auf den Boden bügeln. Dann die auf links liegende Tasche aus Futterstoff sorgfältig in die Außentasche einlegen und das Futter von Hand am Reißverschluss annähen. Die Bodennägel am Boden befestigen und damit Oberstoff, Futterstoff und Decovil I nochmals verbinden.

7… Vom restlichen Gurtband 2x 85 cm abschneiden. Die Enden eines Bandes jeweils durch zwei nebeneinander liegende Schnallen ziehen, ein Stück umknicken und festnähen. Damit die Enden des Gurtbandes nicht ausfransen, diese mit einem Feuerzeug vorsichtig anschmelzen.

SCHWIERIGKEITSGRAD 2

GRÖSSE
ca. 64 cm x 40 cm x 23 cm

MATERIAL
Oberstoff: Jeansstoff in Dunkelblau, 140 cm x 110 cm

Futterstoff: Baumwollstoff in Weiß, 140 cm x 110 cm

Reißverschluss grob, 80 cm

Reißverschluss grob, 30 cm

Vlieseinlage (siehe Tipp Seite 104), 140 cm x 110 cm

Volumenvlies, 140 cm x 110 cm

Gurtband, 5 cm breit, 4 m lang

Decovil I, 60 cm x 25 cm

4 Metallschnallen ohne Mittelstift, 5 cm breit

4 Bodennägel

2 D-Ringe, 3 cm breit

SCHNITTMUSTERBOGEN B

SCHWIERIGKEITSGRAD 3

GRÖSSE
30 cm x 40 cm x 6 cm

MATERIAL
Oberstoff 1: Cordstoff in Rot mit Punkten, 120 cm x 50 cm

Oberstoff 2: Cordstoff in Grün mit Punkten, 40 cm x 50 cm

Futterstoff: Baumwollstoff in Rot, 140 cm x 50 cm

Volumenvlies, 90 cm x 50 cm

Decovil I, 90 cm x 50 cm

Schrägband in Grün, 80 cm

Gurtband in Rot, 4 cm x 160 cm

Reißverschluss, 34 cm

Knopf zum Beziehen, ø 14 mm

Metallschnalle ohne Mittelstift, 4 cm breit

Metallschnalle mit Mittelstift zum Verstellen der Länge, 4 cm breit

Gummikordel in Rot, Rest

SCHNITTMUSTERBOGEN B

Valerie mit Laptop

NAHTZUGABEN
Alle Stoffteile mit 1 cm Nahtzugabe zuschneiden. Vlieseinlage ohne Zugaben ausschneiden.

ANLEITUNG

1... Die Zuschnitte aus Decovil I auf die Rückseiten der entsprechenden Oberstoffteile bügeln. Die Volumenvlies-Zuschnitte auf die Rückseiten der entsprechenden Futterstoff-Teile bügeln. Die oberen Ränder der Teile „Tasche klein" und „Bogen" mit Schrägband einfassen. Dann die beiden Teile auf das grüne Teil „Tasche" links auf rechts knappkantig aufnähen.

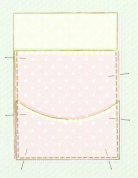

2... Die Seitenteile aus Oberstoff mit den langen Seiten rechts auf rechts auf das grüne Vorderteil legen und an den langen Seiten annähen. Dabei nicht bis zum unteren Rand nähen, sondern die Naht 1 cm vorher beenden.

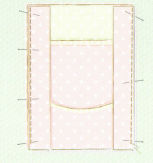

3... Nun die Seitenteile unten 1 cm nach oben klappen und fixieren. Dann den Boden aus Oberstoff mit der langen Seite rechts auf rechts an das grüne Vorderteil legen und die untere Naht schließen. Dabei ebenfalls an beiden Seiten je 1 cm frei lassen. Jetzt jeweils die kurzen Seiten der Seitenteile und die kurzen Seiten des Bodens rechts auf rechts zusammenlegen und zusammennähen. Jeweils drei Nähte treffen nun aufeinander. Dann das rote Teil „Tasche" als Taschenrückseite rechts auf rechts an die Seitenteile und den Boden stecken und festnähen.

4... An den 2 Stoffstreifen für den Reißverschluss jeweils an einer Längsseite und beiden kurzen Seiten die Nahtzugabe nach innen schlagen und den Reißverschluss zwischen die eingeschlagenen Längskanten beider Teile nähen. Dabei beidseitig etwa gleich viel vom Reißverschluss überstehen lassen. Für die Enden aus Stoffresten zwei kleine Trapeze anfertigen und am Reißverschluss befestigen.

5... Ein Schnittteil „Tasche" aus Futterstoff und eine große Blende rechts auf rechts legen, das Stoffteil mit dem Reißverschluss (Oberseite zur Blende, Unterseite zum Taschenteil) dazwischen schieben und die drei Teile am oberen Rand zusammennähen. Dann die Blende nach oben klappen. Das Futterteil mit Blende ist jetzt genauso hoch wie Vorder- und Rückseite der Tasche aus Oberstoff. Mit dem zweiten Futterteil, der zweiten großen Blende und der anderen Seite des Reißverschlusses ebenso verfahren. Danach sind beide Futtertaschenteile durch den Reißverschluss verbunden.

Nun an jeweils an eine kurze Seite eines Seitenteils aus Futterstoff rechts auf rechts eine kleine Blende annähen. Dann die Futtertasche aus Vorder- und Rückenteil, Seitenteilen und Boden wie bei der Außentasche beschrieben zusammennähen. Die fertige Tasche aus Futterstoff bei geöffnetem Reißverschluss auf rechts drehen.

6... Vom Gurtband 15 cm abtrennen, auf eine Metallschnalle ziehen und in der Mitte falzen. Außen an einem Seitenteil der Futtertasche mit Stecknadeln fixieren. Ein Ende des restlichen Gurtbandes am anderen Seitenteil feststecken. Dann die noch auf links liegende Tasche aus Oberstoff darüber stülpen, die Taschen liegen jetzt rechts auf rechts. Alle Teile am oberen Rand rundherum zusammennähen, dabei eine Öffnung zum Wenden lassen. Die gesamte Tasche auf rechts wenden, das Futter sorgfältig in die Tasche schieben und den oberen Rand rundherum nochmals absteppen. Das lange Ende des Gurtbandes durch die Metallschnalle ziehen und an der Metallschnalle mit Mittelstift befestigen. Für den Verschluss der aufgesetzten Tasche den Knopf mit einem Stoffrest beziehen (siehe Seite 97), aufnähen und laut Foto eine Schlaufe aus Gummikordel annähen.

Oberstoff 1	1x Schnittteil „Tasche"
	1x Schnittteil „Tasche klein"
	1x Schnittteil „Bogen"
	2x Schnittteil „Seite"
	1x Schnittteil „Boden"
	2x Streifen für Reißverschluss, 26 cm x 3 cm
	2x große Blende für Futter, 30 cm x 3 cm
	2x kleine Blende für Futter, 6 cm x 3 cm
Oberstoff 2	1x Schnittteil „Tasche"
Futterstoff	2x Schnittteil „Tasche" (3 cm vom oberen Rand abschneiden)
	2x Schnittteil „Seite"
	1x Schnittteil „Boden"
Volumenvlies und Decovil I	Je 2x Schnittteil „Tasche"
	Je 2x Schnittteil „Seite"
	Je 1x Schnittteil „Boden"

Kleine Täschchen

Gewisse Dinge muss frau einfach immer dabei haben: Den genialen roten Lippenstift zum Beispiel oder den momentanen Lieblingsduft. Auch ohne Haarbürste und Puderdose geht es natürlich nicht, denn gerade heute könnte ja der Traumprinz auftauchen oder ein Modelscout im Supermarkt lauern. Und natürlich gibt es in jeder Handtasche noch tausend weitere kleine Dinge. Die Täschchen auf den folgenden Seiten sind wahre Organisationstalente und helfen Ihnen, den Überblick zu bewahren!

Mona Seite 82

Viktoria Seite 84

KLEINE TÄSCHCHEN | 79

Charlotte Seite 86

Sarah Seite 88

KLEINE TÄSCHCHEN | 81

Mona mit Schwung

SCHWIERIGKEITSGRAD 2

GRÖSSE
22 cm x 10 cm

**MATERIAL
JEANSTASCHE**
Oberstoff: Jeansstoff in Dunkelblau, 30 cm x 35 cm

Futterstoff: Baumwollstoff in Weiß mit Retromuster, 30 cm x 35 cm

Baumwollstoff mit Blumenmotiv, Rest

Vlieseinlage (siehe Tipp Seite 104), 30 cm x 35 cm

Dekoband, 10 cm lang

Reißverschluss, 38 cm

Strasssteine zum Aufbügeln, ca. 15 Stück

LILAFARBENE TASCHE
Oberstoff: Baumwollstoff in Lila mit Libellen, 30 cm x 35 cm

Futterstoff: Baumwollstoff in Lila mit Strichen und Punkten, 40 cm x 35 cm

Baumwollstoff in Lila mit Strichen und Punkten, Rest

Vlieseinlage (siehe Tipp Seite 104), 30 cm x 35 cm

Reißverschluss, 38 cm

Knopf

SCHNITTMUSTERBOGEN B

Oberstoff	1x Schnittteil „Mona"
Futterstoff	1x Schnittteil „Mona"
Vlieseinlage	1x Schnittteil „Mona"

NAHTZUGABEN

Alle Stoffteile mit 1 cm Nahtzugabe zuschneiden. Vlieseinlage ohne Zugaben ausschneiden. Bei Verwendung eines Stoffes mit Musterrichtung den Schnitt nicht im Stoffbruch zuschneiden, sondern beide Teile einzeln mit Nahtzugabe zuschneiden und am unteren Rand zusammennähen.

ANLEITUNG

Für die Jeanstasche vor dem Nähen die Blumenapplikation nach der Anleitung auf Seite 111 anbringen. Die Strasssteine erst nach dem Nähen aufbügeln.

1... Vor dem Nähen den Zuschnitt aus Vlieseinlage auf die Rückseite des Zuschnitts aus Oberstoff bügeln. Dann das Taschenteil aus Oberstoff und das Teil aus Futterstoff rechts auf rechts legen. Den Reißverschluss über die gesamte Länge öffnen. Dann beide Hälften laut Abbildung entlang der Rundungen zwischen die beiden Stofflagen legen und mit Stecknadeln fixieren. Dabei zeigen die Reißverschlusszähnchen nach innen, die Oberseite mit Griff liegt auf der Seite des Oberstoffs. Nun entlang der beiden runden Seiten nähen. Die Tasche durch eine der beiden verbliebenen Öffnungen auf rechts wenden.

2... Die Tasche mit der Außenseite nach oben flach hinlegen. Die obere und die untere Ecke gemäß Zeichnung nach innen legen. Dafür die Tasche an den gestrichelten Linien falzen, sodass jeweils zwei kurze offene Kanten aufeinander treffen. Ein Stück Stoff von 9 cm x 6 cm rechts auf rechts über diese noch nicht genähte Kante legen und alle Stofflagen durch eine Naht verbinden, dabei auch die kurzen offenen Kanten mit schließen.

3... Die drei Seiten des kleinen Stoffstücks laut Zeichnung nach innen legen und die lange Seite um die noch offene Kante und über das Reißverschlussende legen.

4... Alle Lagen zusammennähen. Mit beiden Seiten so verfahren. Für die lilafarbene Tasche aus den Stoffresten und dem Knopf eine Blüte nach der Anleitung auf Seite 110 anfertigen und die Tasche damit verzieren.

Liebliche Viktoria

NAHTZUGABEN

Alle Stoffteile mit 1 cm Nahtzugabe zuschneiden. Vlieseinlage ohne Zugaben ausschneiden. Bei Stoffen mit Musterrichtung den Schnitt nicht im Stoffbruch zuschneiden, sondern beide Teile einzeln mit Nahtzugabe zuschneiden und am unteren Rand zusammennähen.

Tipp Ich habe den Schnitt für mich etwas abgewandelt und die Tasche breiter zugeschnitten. So passen jetzt drei Windeln und eine kleine Packung Feuchttücher für meinen Sohn für unterwegs hinein.

Oberstoff	1x Schnittteil „Viktoria" im Stoffbruch
Futterstoff	1x Schnittteil „Viktoria" im Stoffbruch
Vlieseinlage	1x Schnittteil „Viktoria" im Stoffbruch
Sonstige Teile für die grüne Tasche	1x Kreis aus Wachstuch, ø 10 cm
	1x Kreis aus Stoff in Weiß mit Vliesofix, ø 10 cm

ANLEITUNG

1... Für die grüne Tasche mit Frosch den weißen Stoffkreis mit Hilfe von Vliesofix auf die Tasche bügeln. Dann den Kreis aus transparenter Folie mit dem Frosch darunter aufnähen. Die Naht mit der Pomponborte verdecken und diese festnähen.

2... Die Vlieseinlage auf die Rückseite des Zuschnitts aus Oberstoff bügeln. Dann die Taschenteile aus Ober- und Futterstoff rechts auf rechts legen, den Reißverschluss gemäß Zeichnung auf einer Seite zwischen die beiden Stofflagen legen, die Oberseite zeigt zum Oberstoff. Dann die beiden Taschenteile und den Reißverschluss zusammennähen, der Reißverschlussgriff liegt auf der Seite des Oberstoffes.

3... Nun den Oberstoff an der Naht umknicken und nach rechts legen. Dann das Stoffteil in der Mitte zurück nach rechts falten. Die noch nicht angenähte Oberkante verdeckt dabei die Naht und die Reißverschlusszähnchen und liegt bündig an der linken Reißverschlusskante. Mit dem Futterstoff ebenso verfahren, die freie Oberkante liegt dabei unter dem Reißverschluss bündig zur linken Reißverschlusskante. Nun an dieser Kante alle 3 Teile verbinden.

4... Die Tasche so legen, dass der Reißverschluss in der Mitte liegt, auf einer Seite rechts auf rechts der Oberstoff, auf der anderen Seite rechts auf rechts der Futterstoff. Den Reißverschluss dabei öffnen, so lässt sich die Tasche später einfacher wenden. Nun die Seiten schließen. Dabei auf der Seite aus Futter eine Lücke zum Wenden der Tasche lassen. An den vier Ecken jeweils die Seitennaht auf die Bodennaht legen und die seitlichen kleinen Abnäher laut Zeichnung schließen. Die Tasche durch die Öffnung wenden, das Loch von Hand schließen und das Futter in die Tasche schieben.

SCHWIERIGKEITSGRAD 2

GRÖSSE
ca. 22 cm x 16 cm x 7 cm

MATERIAL
ROTE TASCHE
Oberstoff: Wachstuch in Rot mit rosa Punkten, 35 cm x 45 cm

Futterstoff: Baumwollstoff in Rosa, 35 cm x 45 cm

Vlieseinlage (siehe Tipp Seite 104), 35 cm x 45 cm

Reißverschluss, 25 cm

Schlüsselanhänger aus Acryl in Rot

GRÜNE TASCHE MIT FROSCH
Oberstoff: Baumwollstoff mit Retromuster in Grün-Blau, 35 cm x 45 cm

Futterstoff: Baumwollstoff in Hellblau, 35 cm x 45 cm

Vlieseinlage (siehe Tipp Seite 104), 35 cm x 45 cm

Reißverschluss, 25 cm

Baumwollstoff in Weiß, Rest

Wachstuch in Transparent, Rest

Vliesofix, Rest

Pomponborte in Rot, 40 cm

Gummifrosch

Kordel in Rot, Rest

Acrylkugel in Rot

SCHNITTMUSTERBOGEN B

Kleine Charlotte

NAHTZUGABEN

Alle Stoffteile mit 1 cm Nahtzugabe zuschneiden. Vlieseinlage ohne Zugaben ausschneiden. Bei Verwendung eines Stoffes mit Musterrichtung den Schnitt nicht im Stoffbruch zuschneiden, sondern beide Teile einzeln mit Nahtzugabe zuschneiden und am unteren Rand zusammennähen.

Oberstoff 1	1x Schnittteil „Charlotte"
Oberstoff 2	Stoffrest für Applikation, 10 cm x 32 cm
Futterstoff	1x Schnittteil „Charlotte"
Vlieseinlage	1x Schnittteil „Charlotte"

SCHWIERIGKEITSGRAD 2

GRÖSSE
8 cm x 8 cm x 18 cm

**MATERIAL
TASCHE IN GRÜN-BLAU**

Oberstoff 1: Baumwollstoff mit Retromuster in Grün-Blau, 35 cm x 40 cm

Futterstoff: Baumwollstoff mit Blumen in Grün-Blau, 35 cm x 40 cm

Vlieseinlage (siehe Tipp Seite 104), 35 cm x 40 cm

Reißverschluss, 30 cm

SCHNITTMUSTERBOGEN B

ANLEITUNG

Für die rote Tasche vor dem Nähen den Stoffstreifen aus Oberstoff 2 mit Hilfe von Vliesofix auf die Tasche applizieren, die Ränder mit einem aufgenähten Dekoband verdecken und die Zahl aufbügeln.

1... Den Zuschnitt aus Vlieseinlage auf die Rückseite des Oberstoffes bügeln. Dann die beiden Seiten des Taschenteils aus Oberstoff laut Abbildung zur Mitte falten. Für den Reißverschluss die in der Mitte liegenden langen Kanten jeweils 1,5 cm nach innen schlagen und den Reißverschluss einnähen. Die beiden eingeschlagenen Stoffkanten treffen dabei nicht aufeinander, sondern lassen eine Lücke von 1 cm, die den Reißverschluss zeigt. Dann die beiden kurzen Seiten laut Abbildung zusammennähen.

2... Die Tasche aufstellen, sodass an den vier Ecken jeweils zwei offene Kanten aufeinander treffen. Diese vier Seitennähte schließen und die Tasche durch den Reißverschluss wenden. Mit dem Futterstoff ebenso verfahren und auch zu einer Tasche verarbeiten. Dabei an der Stelle des Reißverschlusses eine Lücke lassen. Dann die Tasche aus Oberstoff über die noch auf links liegende Futtertasche stülpen und das Futter von Hand am Reißverschluss annähen.

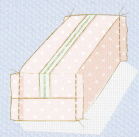

MATERIAL
ROTE TASCHE

Oberstoff 1: Baumwollstoff in Rot mit Punkten, 35 cm x 40 cm

Oberstoff 2: Baumwollstoff in Weiß mit bunten Streifen, 10 cm x 40 cm

Futterstoff: Baumwollstoff in Grün mit Ranken, 35 cm x 40 cm

Dekoband in Weiß mit Blumen, 1 cm x 80 cm

Vlieseinlage (siehe Tipp Seite 104), 35 cm x 40 cm

Vliesofix, Rest

Zahl zum Aufbügeln

Reißverschluss, 30 cm

KLEINE TÄSCHCHEN

Sarah experimentell

SCHWIERIGKEITSGRAD 2

GRÖSSE
ca. 22 cm x 16 cm x 7 cm

MATERIAL
ROSA TASCHE MIT FRAU UND HUND
Oberstoff: Baumwollstoff in Rosa mit Frau und Hund, 35 cm x 45 cm

Futterstoff: Baumwollstoff in Rot, 35 cm x 45 cm

Vlieseinlage (siehe Tipp Seite 104), 35 cm x 45 cm

Lamifix, 35 cm x 45 cm

Reißverschluss, 25 cm

SCHNITTMUSTERBOGEN B

Eine Handtasche oder ein Waschbeutel muss nicht immer aus Stoff sein. Auch einige andere Materialien lassen sich gut verwenden.

PLASTIKTÜTEN

Um mit Plastiktüten nähen zu können, müssen diese vorbehandelt werden. Dafür zwei Lagen Plastiktüten zwischen zwei Bögen Backpapier legen und auf Stufe 1 bügeln. Weitere Tüten dazu nehmen und langsam die Temperatur erhöhen. Beim Bügeln ziehen die Tüten sich zusammen. Wenn die gebügelten Tüten aneinander kleben und die gewünschte Stärke erreicht haben, auskühlen lassen, zuschneiden und verarbeiten.

KAFFEEVERPACKUNGEN, TRINKTÜTCHEN, TIERFUTTERVERPACKUNGEN

Die Verpackungen säubern und gegebenenfalls mehrere Verpackungen zusammennähen, um die gewünschte Größe zu erhalten. Dann nach Schnittmuster zuschneiden und verarbeiten.

Oberstoff	1x Schnittteil „Viktoria" im Stoffbruch
Futterstoff	1x Schnittteil „Viktoria" im Stoffbruch
Vlieseinlage	1x Schnittteil „Viktoria" im Stoffbruch

PAPIER

Gut zum Nähen eignen sich „weich fallende" Papier wie Japanpapiere und Papiere mit einem stofflichen Anteil. Wenn Sie ein Papier in die Hand nehmen und es dabei keinen Halt hat, sondern nach unten hängt und ganz „weich" ist, kann es sich zum Nähen eignen. Wenn die Tasche länger halten soll, verstärken Sie das Papier mit einer Vlieseinlage und/oder einer Schutzschicht aus Lamifix. Bei der abgebildeten Tasche hinten im Bild wurden zusätzlich Weinetiketten verarbeitet.

Die hier abgebildeten Taschen sind die Kulturtaschen „Viktoria" von Seite 84.

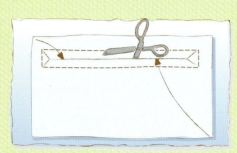

Allgemeine Anleitung

Damit Ihrem Taschentraum nichts im Wege steht, finden Sie im folgenden Kapitel hilfreiche Schritt-für-Schritt-Anleitungen rund ums Thema Nähen: Von der richtigen Ausstattung über die perfekte Materialauswahl bis hin zu Zuschnitt und Verstärkung der Stoffteile. Außerdem finden Sie viele weitere nützliche Hinweise zum Taschennähen. So können Sie Ihr Lieblingsmodell problemlos nacharbeiten ... oder vielleicht doch gleich alle?

Die perfekte Ausstattung

NÄHMASCHINE

Natürlich ist die Nähmaschine das wichtigste Werkzeug zum Nähen der Taschen. Falls Sie den Kauf einer Nähmaschine planen, entscheiden Sie nicht nur nach dem Preis. Gerade für Anfänger ist es wichtig, dass die Maschine robust und leicht zu bedienen ist. Eine unübersichtliche Menge an Funktionen ist nicht nötig, denn in den meisten Fällen reichen 6-10 verschiedene Sticharten völlig aus. Beim Kauf einer Nähmaschine lohnt es sich, eine ausgiebige Beratung in Anspruch zu nehmen um herauszufinden, welche Funktionen Sie wirklich benötigen.

Vielleicht haben Sie aber auch noch ein altes Modell irgendwo stehen oder geschenkt bekommen. Dies kann durchaus eine gute Alternative zu einer neuen Maschine sein. Lassen Sie das gute Stück von einem Nähmaschinen-Service durchchecken und Sie erhalten dadurch eine sehr robuste und zuverlässige Maschine ... wie ich mein „Kätzchen".

MEINE NÄHMASCHINE „KÄTZCHEN"

Meine treue Nähmaschine ist ein Modell aus den 60er Jahren und war mal ein Geschenk meiner Tante aus Berlin: Sie nähe ja doch nicht mehr und ich könne vielleicht mehr damit anfangen, waren ihre Worte. Als wir 2008 umzogen, ließ ich sie bei meinen Eltern stehen, da sie mir mit ihrem dazugehörigen Schrank viel zu schwer erschien. Stattdessen kam die wieder in Betrieb genommene Maschine aus meiner Kindheit mit. Welch ein Fehler! Beim nächsten Elternbesuch habe ich dann den Schrank von der Maschine abgeschraubt und mitgenommen (die Maschine! Nicht den Schrank). Was für eine Wohltat! Die Stoffe flitzen nur so unter ihrem Füßchen hinweg, kaum ein Faden reißt mehr. Und wie ich festgestellt habe, schnurrt sie über 4(!) Lagen ziemlich dickes Leder wie ein Kätzchen. Und daher hat sie ihren Namen!

SCHEREN

Zum Zuschneiden der Stoffe wird eine gute Schneiderschere benötigt, die Sie im Fachhandel erhalten. Diese Schere sollte auf keinen Fall für Papier verwendet werden, da sie dadurch sehr schnell stumpf wird. Sinnvoll ist auch eine kleine Schere zum Durchtrennen von Fäden und zum Einschneiden der Nahtzugaben vor dem Wenden des Stoffes.
Zum Zuschneiden der Schnittvorlagen aus Papier reicht eine einfache Papierschere.

MASSBAND

Ein Maßband wird beim Nähen zum Abmessen von Längen und Abständen benötigt. Es ist außerdem praktisch, um die Länge der Taschenträger individuell anzupassen und Nahtzugaben anzuzeichnen.

STECKNADELN

Es gibt sie in verschiedenen Ausführungen mit großen Köpfen aus Kunststoff oder mit kleinen Metallköpfen. Für die Taschen in diesem Buch eignen sich am besten Stecknadeln mit kleinen Metallköpfen. Sie tragen am wenigsten auf und man kann sie mit der Maschine problemlos übernähen.

HANDNÄHNADELN

Sie werden zum Heften der Stoffe benötigt. Für diese einfache Arbeit eignet sich eine schmale Nadel mit kleinem Öhr.

FINGERHUT

Beim Nähen mit der Hand schützt ein Fingerhut den Mittelfinger, z. B. wenn eine Nähnadel mit viel Kraft durch dicken Stoff geschoben werden muss. Fingerhüte gibt es in verschiedenen Größen. Offene Hüte, so genannte Fingerringe, sind luftdurchlässig und daher oft angenehmer.

BUTTERBROTPAPIER

Zum Übertragen der Schnittmuster können Sie anstelle von speziellem Schnittmusterpapier auch einfaches Butterbrotpapier verwenden. Insbesondere bei kleinen Teilen – wie z. B. Taschen – reicht dieses meist aus.

ALLGEMEINE ANLEITUNG

DURCHZIEHNADEL, SICHERHEITSNADEL
Dienen zum Einziehen von Gummiband oder Kordeln. Die abgerundete Spitze der Durchziehnadel eignet sich auch zum Ausformen genähter Ecken.

ECKEN- UND KANTENFORMER
Zum Ausformen von verstürzten Ecken verwendet man das spitze Ende, für Rundungen und Nahtränder das abgerundete Ende.

NAHTTRENNER
Ein praktisches Werkzeug, mit dem Nähte ganz leicht wieder aufgetrennt werden können, ohne dass der Stoff beschädigt wird.

TRICKMARKER/AQUA-TRICKMARKER
Diese Marker sind zum Übertragen von Markierungen auf den Stoff gut geeignet. Sie verschwinden entweder nach kurzer Zeit von alleine oder werden mit klarem Wasser ausgewaschen. Testen Sie den Stift jedoch zuvor an einem kleinen Probestück.

KONTAKTKLEBER
Dieser Klebstoff eignet sich perfekt, um Leder und Stoff zu verbinden. Beide Teile werden mit Klebstoff eingestrichen und nach dem Trocknen fest aufeinander gepresst. Beim Nähen kann das Leder dann nicht mehr verrutschen.

ROLLSCHNEIDER
Mit dem Rollschneider, der in verschiedenen Größen erhältlich ist, werden Stoffe schnell und exakt zugeschnitten – sehr praktisch für Streifen und geometrische Formen. Um die Tischplatte zu schützen eine spezielle Schneidematte unterlegen.

WENDE-SET/WENDENADEL
Eine Wendenadel erleichtert das Verstürzen von schmalen Stoffstreifen wie Taschenhenkeln oder Trägern.

TEXTILKLEBER
Aqua-Fixiermarker und Textil-Klebestift ermöglichen das Fixieren von Stoffen, Borten, Applikationen, Reißverschlüssen u. ä. ohne Nadel und Faden. Beim Fixiermarker ist der Kleberauftrag durch gelbe Farbe sichtbar, die beim Trocknen verschwindet. Beide Kleber sind auswaschbar und hinterlassen keine Rückstände. Die Verwendung empfiehlt sich nur, wenn Sie die Tasche nach dem Auftragen des Klebers waschen wollen.

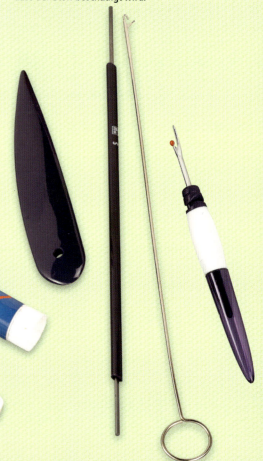

Nähgarn

Für verschiedene Näharbeiten gibt es ein breites Angebot an Garnen in unterschiedlichen Ausführungen und Lauflängen. Auch wenn Sonderangebote locken, sollte immer auf eine gute Garnqualität geachtet werden. Billige Garne können aus kurzen Fasern hergestellt sein, die schnell reißen und durch Knötchenbildung eine unregelmäßige Naht verursachen. Die meisten Garnrollen haben auf einer Seite eine Rille, in die das Fadenende eingeklemmt werden kann. Dies verhindert ein Abwickeln des Garns beim Aufbewahren. Manche Rollen besitzen stattdessen eine Kerbe. Werden solche Rollen auf den Garnrollenhalter der Nähmaschine gesteckt, muss die Kerbe entgegengesetzt zur Laufrichtung des Fadens liegen, damit er sich beim Nähen nicht verhaken kann. Für normale Näharbeiten sollte für Unter- und Oberfaden die gleiche Garnqualität verwendet werden.

DIE WICHTIGSTEN GARNARTEN IM ÜBERBLICK

ALLESNÄHER
Allesnäher besteht meist aus Polyester und eignet sich für fast alle Stoffe und Näharbeiten. Das Garn lässt sich sehr gut vernähen, ist leicht elastisch und reißfest.

REINES BAUMWOLLGARN
Reines Baumwollgarn wird für Naturmaterialien wie Baumwolle und Leinen verwendet.

HEFTGARN
Heftgarn besitzt nur geringe Reißfestigkeit und wird für provisorische Nähte verwendet.

KNOPFLOCHGARN
Knopflochgarn eignet sich für handgenähte Knopflöcher und plastische Ziersteppereien sowie zum Nähen von robusten Materialien wie Leder.

RAYON MASCHINENSTICKGARN
Rayon Maschinenstickgarn aus hochwertiger Viskose verleiht Stickereien einen edlen, seidenen Schimmer und zeichnet sich durch hohe Reißfestigkeit und Farbechtheit aus.

Tipp: Meist wird das Garn eine Nuance dunkler gewählt als die Farbe des Stoffes, dadurch wirkt es unauffällig. Wer einen dekorativen Effekt erzielen möchte, nimmt stattdessen eine Kontrastfarbe.

ALLGEMEINE ANLEITUNG

Verschlüsse

Die Verschlüsse für eine Tasche sollten mit viel Sorgfalt ausgewählt werden. Sie können unauffällig Ton-in-Ton nur zum Schließen dienen oder in einer Kontrastfarbe dekorative Akzente setzen. Häufig erhalten selbstgenähte Modelle durch außergewöhnliche Accessoires den letzten Schliff.

REISSVERSCHLÜSSE

Reißverschlüsse gibt es in verschiedenen Längen, Farben und Stärken. Sie sind mit einer Kunststoffspirale oder mit Metall- oder Kunststoffzähnchen versehen. Das Band besteht aus Baumwolle, Baumwollgemisch oder Polyester und sollte der Stoffstärke sowie den Pflegeeigenschaften der Tasche angepasst sein.

DRUCKKNÖPFE, ÖSEN UND NIETEN

Wenn solche Verschlüsse öfter verarbeitet werden, lohnt sich die Anschaffung einer Vario-Zange. Magnetverschlüsse eignen sich bestens für Taschen. Die Stoffrückseite vor Anbringen des Verschlusses mit Fixier-Stickvlies oder Bügeleinlage verstärken, damit er später nicht durch häufiges Öffnen einreißt.

Tipp Wäscheknöpfe aus Leinen können je nach Farbwunsch individuell eingefärbt werden. Mit Stoff-Malstiften lassen sich auch kleine Muster flink in den gewünschten Farbtönen aufmalen.

Tipp Sammeln und recyceln Sie Knöpfe, das macht Spaß und spart Geld. Bevor alte Kleidungsstücke aussortiert werden, einfach alle Knöpfe abtrennen. Zur besseren Übersicht gleiche Knöpfe immer auf einen Faden fädeln und in einer Dose oder Schachtel aufbewahren.

Stoffbezogene Knöpfe

Wenn sich im Kurzwarenangebot mal keine passenden Verschlüsse finden, können individuelle Knöpfe mit wenig Aufwand selbst hergestellt werden. Sie können mit Stoff, Bändern und anderen formbaren Materialien bezogen werden. So genannte Grundknöpfe gibt es in verschiedenen Größen aus Messing oder Kunststoff. Sehr einfach gelingt das Beziehen mit im Fachhandel erhältlichen Fertigpackungen, denen zusätzlich zwei Plastik-Werkzeugteile beigefügt sind.

1... Die Schnittvorlage aus der Packungsrückseite ausschneiden. Den Umriss mit einem Stift auf die linke Stoffseite übertragen und den Stoff entsprechend zuschneiden.

2... Das Stoffteil mit der rechten Seite nach unten auf die weiße Plastikform legen. Den Knopf mit der gewölbten Seite nach unten in die Öffnung drücken. Überstehende Stoffkanten nach innen legen und falls nötig mithilfe einer Nadel an den Zacken befestigen.

3... Die Knopfrückseite auflegen, so dass der Schriftzug PR lesbar nach oben zeigt, und mit der blauen Plastikkappe fest andrücken, bis sie einrastet.

4... Zuletzt den fertigen Knopf von unten aus der Form herausschieben.

Tipp So werden aus Knöpfen kleine Kunstwerke: Verzieren Sie die Stoffmitte vor dem Beziehen mit kleinen Rocailles, Pailletten oder Strasssteinchen. Sehr dekorativ wirken auch kleine Stickereien, die besonders schnell mit einem Maschinenzierstich gelingen.

ALLGEMEINE ANLEITUNG | 97

Der Stoff

Stoffverbrauch

In Nähanleitungen findet sich gewöhnlich eine Stoffempfehlung mit Angabe der benötigten Menge. Diese Mengenangabe hängt jedoch von der Stoffbreite ab. Hat der gewählte Stoff eine andere Breite, können die Schnittteile vor dem Kauf z. B. auf einer zur entsprechenden Breite zusammengefalteten Tischdecke probeweise ausgelegt und so der Stoffbedarf ausgemessen werden.

Bei einigen Stoffen, z. B. solchen mit Strichrichtung, ungleichmäßigen Karos oder Streifen, müssen beim Auflegen der Schnittteile alle eingezeichneten Fadenlauf-Pfeile in die gleiche Richtung zeigen, wodurch sich der Stoffverbrauch je nach Modellgröße erhöhen kann. Folgende Besonderheiten sind zu beachten:

Für fast alle in diesem Buch beschriebenen Taschen wurden Baumwollstoffe verwendet. Sie lassen sich besonders gut verarbeiten, da sie problemlos für den Zuschnitt markiert werden können, leicht zu pflegen sind und ihre Kanten wenig ausfransen.

Generell gilt: Je größer die Tasche, desto stärker der Stoff.

STOFFE MIT STRICHRICHTUNG

Materialien wie Frottier, Samt, Fleece, Velours, Nicki und Cord besitzen auf der Oberfläche kleine Schlingen oder Härchen. Dieser so genannte Flor ist beim Darüberstreichen mit der Hand zu spüren. Sträuben sich die Härchen, so streicht man gegen den Strich. Fährt man mit dem Strich über den Stoff, so liegen alle Schlingen oder Härchen in eine Richtung und die Oberfläche fühlt sich glatt an. Beim Zuschnitt müssen alle Teile in einer Richtung aufgelegt werden, sodass die Strichrichtung identisch ist, sonst erscheinen sie später je nach Lichteinfall unterschiedlich schattiert. Die Stoffteile sollten außerdem möglichst in Strichrichtung gesteppt werden.

STOFFE MIT MUSTERRICHTUNG

Einige Stoffe zeigen Motive, wie z. B. Blumen, Tiere oder Ornamente, die alle in die gleiche Richtung ausgerichtet sind. Auch hier müssen die Schnittteile alle in einer Richtung auf den Stoff gelegt werden, sonst stehen einige Motive später am fertigen Modell auf dem Kopf.

KARIERTE STOFFE

Bei gleichmäßigen Karos (im Bild unten) erlaubt das symmetrische Muster das Auflegen der Schnittteile in beide Richtungen. Bei ungleichmäßigen Karos (im Bild oben) treffen aber nicht alle längs verlaufenden Streifen aufeinander, daher die Schnittteile nur in einer Richtung auflegen. Beim Falten von Stoffen mit Karomustern darauf achten, dass die quer- und längs verlaufenden Streifen an den Nähten exakt und deckungsgleich aufeinander treffen.

Tipp Als Näheinsteiger sollten Sie für Ihre ersten Modelle besser einfarbige Stoffe oder unkomplizierte Muster wählen, bei denen man die Schnittteile in beide Richtungen auflegen kann. So fällt der Zuschnitt leichter. Außerdem können Sie sich beim Nähen ganz auf die Technik konzentrieren und müssen keine exakten Musteranschlüsse beachten.

GESTREIFTE STOFFE

Für gestreifte Stoffe gilt im Prinzip dasselbe wie für Karos. Haben die Stoffe ein asymmetrisches Streifenmuster (im Bild oben), können die Schnittteile nur in einer Richtung aufgelegt werden, bei gleichmäßigen Streifen (im Bild unten) in beide Richtungen. Jedoch darauf achten, dass die Streifen bei allen Teilen übereinstimmend horizontal oder vertikal verlaufen.

Tipp Nähmaschinen mit einem eingebauten doppelten Stofftransport führen den Stoff gleichzeitig von oben und unten. Beim Nähen von Streifen- und Karostoffen sollte auch der Obertransport eingeschaltet sein, denn er verhindert das Verschieben der Stoffe. So passt das Muster an der Naht später exakt zusammen.

STOFF VORWASCHEN

Bevor Stoff verarbeitet bzw. zugeschnitten wird, sollte er je nach Pflegeempfehlung gewaschen und gebügelt werden. Vor allem Baumwolle und Leinen können beim Waschen etwas einlaufen. Nicht-waschbare Stoffe und Baumwollreißverschlüsse mit dem Dampfbügeleisen oder unter einem feuchten Tuch überbügeln. Auch Bänder entsprechend vorbehandeln. Für reine Dekorationsobjekte, die später nicht gewaschen werden, ist das Vorbehandeln der Materialien nicht unbedingt erforderlich.

Stoffzuschnitt

Ist der passende Stoff gefunden, müssen nun die einzelnen Schnittteile vom Papierschnitt abgepaust, auf den Stoff aufgelegt und zugeschnitten werden. Dabei werden Nahtzugaben angezeichnet und eventuell Markierungen übertragen.

DIE WICHTIGSTEN FACHBEGRIFFE

FADENLAUF

Bei gewebten Stoffen werden längs laufende Fäden Kettfäden, quer laufende Fäden Schussfäden genannt. Der Fadenlauf bezeichnet die Richtung des Kettfadens und verläuft normalerweise parallel zu den Webkanten. Sind an einem Stoffrest keine Webkanten mehr zu sehen und ist der Fadenlauf schwer erkennbar, wenn möglich am Rand einen Gewebefaden anziehen, der dann die Richtung weist. In Schnitten ist der Fadenlauf mit Pfeilen gekennzeichnet. Beim Auflegen der Schnittteile müssen diese Pfeile, wenn nicht anders angegeben, parallel zum Fadenlauf liegen.

FADENGERADE ZUSCHNEIDEN

Um exakte und gerade Kanten zu schneiden, die Schere an einem Faden entlang bzw. zwischen zwei Fäden führen.

STOFFBRUCH

Für symmetrische Schnittteile ist oft nur der halbe Schnitt abgebildet. Eine gerade Kante markiert die Achse, an der das Schnittteil zur Vervollständigung gespiegelt werden muss. Diese Kante ist meist mit „Stoffbruch" beschriftet und/oder durch eine gestrichelte Linie markiert. Um die fehlende Hälfte gegengleich und ohne Naht zu ergänzen, wird der Stoff vor dem Zuschnitt gefaltet. Die gerade Kante des Schnittteils wird nun genau an diesem Knick, dem so genannten Stoffbruch, angelegt und das Schnittteil aus dem doppelt gelegten Stoff ausgeschnitten. Bei Webstoff entspricht der Stoffbruch dem Fadenlauf.

RECHTE/LINKE STOFFSEITE

Die schöne Oberseite, die beim fertigen Modell außen zu sehen ist, wird als rechte, die Rückseite als linke Stoffseite bezeichnet.

RECHTS AUF RECHTS

Ein Stoffteil wird mit der rechten Seite auf die rechte Seite eines anderen Stoffteils gelegt. Die linken Stoffseiten zeigen also jeweils nach außen.

NAHT- UND SAUMZUGABE

Zugaben sind die Stoffränder zwischen Nahtlinie (= Linie, auf der genäht wird) und Schnittkante. In diesem Buch enthalten die Schnittmuster noch keine Nahtzugaben. Diese müssen vor dem Zuschnitt aufgezeichnet werden. Empfohlen wird eine Zugabe von 1 cm.

WEBKANTE

Beim Weben eines Stoffes entstehen seitlich in Längsrichtung die Webkanten, die parallel zum Fadenlauf liegen. Die Webkanten sind sauber abgeschlossen und fransen im Gegensatz zu Schnittkanten nicht aus. Da sie etwas fester sind als der restliche Stoff sollten sie, außer als Nahtzugaben, beim Zuschneiden nicht einbezogen werden.

SCHNITTMUSTER ABPAUSEN

Um Platz zu sparen werden Schnittmuster häufig auf Bögen überlappend mit Schnittmustern anderer Modelle aufgezeichnet. Aus diesem oder anderen Gründen kann es sinnvoll sein, einen Papierschnitt nicht direkt auszuschneiden, sondern ihn abzupausen. Für diesen Zweck gibt es im Fachhandel spezielles Schnittmusterpapier, verwendet werden können aber auch Seiden-, Transparent- oder Butterbrotpapier. Das Papier auf die Vorlage bzw. das Muster legen. Ist ein großer Schnittmuster-Bogen vom Falten sehr uneben, das Papier einfach mit einem Bügeleisen ohne Dampffunktion glätten. Mit Filz- oder Bleistift alle Linien, Markierungen und Beschriftungen der einzelnen Teile nachzeichnen und anschließend die Schnittteile ausschneiden. Werden Vorlagen mehrmals verwendet, kann man zur Verstärkung die Rückseite mit dickerem Papier, z. B. Packpapier, bekleben. Für kleinere Motive kann eine Schablone aus Pappe sehr praktisch sein. Die Konturen einfach mithilfe von Pauspapier auf die Pappe übertragen, dann die Schablone sorgfältig ausschneiden.

SCHNITTTEILE AUFLEGEN

Den Stoff zuerst bügeln, dann schön glatt und faltenfrei zurechtlegen. Darauf achten, dass alle Schnittteile im richtigen Fadenlauf darauf Platz haben. Die Schnittteile werden immer auf der linken Stoffseite aufgelegt, sodass dort auch Zugaben und Markierungen angezeichnet werden können. Große Teile zuerst, kleinere danach auflegen. Zwischen den einzelnen Schnittteilen Abstand für das Anzeichnen der Nahtzugaben lassen. Um die Stofffläche optimal auszunutzen kann es sinnvoll sein, die Schnittteile nach und nach auszuschneiden und sich dafür immer wieder einen neuen Stoffbruch zu falten. Für einmal benötigte asymmetrische Schnittteile den Stoff einfach legen, für zweimal benötigte Teile doppelt legen und beide Teile zusammen ausschneiden. Um zu überprüfen, ob die Teile auch richtig im Fadenlauf liegen, an beiden Enden des auf dem Schnittteil aufgezeichneten Fadenlaufs zu Bruch oder Webkante messen und die Stelle mit je einer Stecknadel markieren (siehe Foto). Der Abstand sollte an beiden Pfeilenden gleich sein.

Für halbe Schnittteile eine Stoffseite gerade so weit umklappen, dass die Teile im entstandenen Stoffbruch aufgelegt werden können. Beim Falten liegt die rechte Stoffseite immer innen. Vor dem Auflegen des Schnittteils sollte an mehreren Stellen der Abstand vom Bruch zur oben liegenden Webkante gemessen werden um zu garantieren, dass der Stoff auch genau im Fadenlauf und nicht schief gefaltet wurde.
Die Schnittteile nun ringsum mit Stecknadeln so feststecken, dass die Schnittlinie zum Schneiden frei bleibt. Bei doppelt gelegtem Stoff darauf achten, dass die Nadeln beide Lagen erfassen. Bei Lackstoffen, Leder oder Wachstuch bleiben Nadeleinstiche sichtbar, deshalb Schnittteile mit Klebeband oder Büroklammern befestigen.

Tipp Schnittvorlagen für Stoffe mit schwierigen Mustern wie Karos und Streifen am besten mit einem wasserfesten Stift auf durchsichtige Schnittfolie zeichnen. Beim Zuschneiden ist so der Verlauf des Musters wesentlich besser sichtbar als bei herkömmlichem Schnittmusterpapier.

Tipp Wer einen sehr hohen Verbrauch an Schnittmusterpapier oder -folie hat, kann im Baumarkt günstige Alternativen wie z. B. PE-Baufolie oder Abdeckplanen finden. Am besten zuerst in kleiner Menge ausprobieren und eine mittlere bis starke Qualität wählen.

NAHTZUGABEN AUFZEICHNEN

Bei den meisten Schnittteilen dieses Buches müssen die Nahtzugaben ringsum mit Handmaß und Trickmarker oder Schneiderkreide auf den Stoff gezeichnet werden. Entlang der eingezeichneten Markierung wird dann zugeschnitten. Sind die Nahtzugaben gleichmäßig aufgezeichnet, liegen die Schnittkanten später beim Nähen exakt aufeinander. Für das Gelingen einer geraden Naht kann man sich dann an den Schnittkanten orientieren und so einen Arbeitsschritt, das Übertragen der Nahtlinien, sparen.

STOFFTEILE ZUSCHNEIDEN

Den Stoff entlang der Papierkante oder der eingezeichneten Markierung mit einer scharfen Schneiderschere zuschneiden. Dabei so wenig wie möglich anheben, da sich sonst die Schnittkanten leicht verschieben können. Mit der freien Hand den Stoff dicht neben der Schnittlinie festhalten und mit langen Schnitten arbeiten.

SCHNITTKONTUREN UND MARKIERUNGEN ÜBERTRAGEN

Bevor der Papierschnitt nach dem Zuschneiden der Stoffteile wieder abgenommen wird, müssen die Nahtlinien (= Konturen) und alle im Schnittteil eingezeichneten Markierungen, bis auf den Fadenlauf, auf den Stoff übertragen werden. Wird später Vlieseline aufgebügelt, die am Rand des Schnittteils befindlichen Markierungen, wie Ansatzpunkte für andere Teile oder vordere und rückwärtige Mitte, bis auf die Nahtzugabe verlängern, damit sie sichtbar bleiben. Alternativ können diese Stellen auch mit kurzen Einschnitten in den Zugaben gekennzeichnet werden. Zum Übertragen von Markierungen gibt es verschiedene Möglichkeiten:

MARKIERUNG BEI DOPPELTER STOFFLAGE

Ein Stück Schneiderkopierpapier mit der beschichteten Farbseite nach oben auf eine gerade Oberfläche legen. Das zugeschnittene Stoffteil darauf legen. Das Kopierrädchen zuerst entlang der Papierkante führen und so die Nahtlinien übertragen. Dann alle weiteren Markierungen nachrädeln. Die Linien sind nun auf der unteren Stofflage sichtbar, der Papierschnitt kann abgenommen werden.
Beide Stofflagen nun wieder bündig mit Stecknadeln aufeinander stecken, ohne die markierten Linien zu treffen. Den Stoff umdrehen und erneut auf das Kopierpapier legen, sodass die bereits kopierten Linien oben liegen. Die Linien noch einmal nachrädeln, um sie auch auf die zweite, jetzt unten liegende Stofflage zu kopieren. Sollen bei zwei oder mehreren Stoffteilen gleichzeitig linke

und rechte Seiten markiert werden, gelingt das Übertragen sehr exakt mit dem Durchschlagstich. Diese Methode ist besonders bei dünnen und empfindlichen Stoffen empfehlenswert, bei denen das Kopieren nicht möglich ist.

Tipp Ein praktisches Hilfsmittel zum Markieren bei doppelter Stofflage ist ein Parallelkopierrad. Beim Übertragen von Schnittteilen zeichnet es die Naht- und Schnittlinien gleichzeitig auf den Stoff. Dazu besitzt es ein zweites, je nach Zugabenbreite verstellbares Rädchen, das die Zugaben automatisch im richtigen Abstand zur Nahtlinie markiert.

MARKIERUNG AUF DER RECHTEN STOFFSEITE

Markierungen wie Knopflöcher oder Aufsetzpunkte für Applikationen müssen auf die rechte Stoffseite übertragen werden, da sie später auch von dieser Seite gearbeitet werden. Bei doppelt gelegtem Stoff befinden sich die rechten Seiten immer innen. An den entsprechenden Stellen Stecknadeln durch den Papierschnitt und beide Stofflagen stechen. Dann die obere Stofflage zurückschlagen und jeweils beide Durchstichstellen mit Schneiderkreide oder Trickmarker anzeichnen.

Tipp Besteht ein Schnitt aus vielen Einzelteilen, kennzeichnen Sie diese auf den linken Stoffseiten mit beschriftetem Klebeband. Das erleichtert die Übersicht und das benötigte Teil ist schnell gefunden.

MARKIERUNG BEI EINFACHER STOFFLAGE

Die Nahtlinie entlang der Papierkante mit Schneiderkreide oder Trickmarker aufzeichnen. Um die Markierungen zu übertragen, an den entsprechenden Stellen Stecknadeln durch Papier und Stoff stechen, den Papierschnitt vorsichtig bis zur Nadel anheben und die Einstichstellen auf der linken Stoffseite markieren. Müssen sie auch auf der rechten Stoffseite sichtbar sein, einfach die Ausstichstellen ebenfalls markieren (siehe Foto).

ALLGEMEINE ANLEITUNG | 103

Einlagen

Einlagen verwendet man, um den Taschen an bestimmten Stellen Festigkeit und Formbeständigkeit zu verleihen. Es gibt Vlieseinlagen und gewebte Stoffeinlagen zum Aufbügeln oder Einnähen, bekannt unter dem Markennamen Vlieseline. Bei der Wahl einer geeigneten Einlage müssen Qualität sowie Bügel- und Pflegeeigenschaften des Stoffes berücksichtigt werden. Besonders beliebt sind Bügeleinlagen, da sie leicht zu verarbeiten sind.

Das angebotene Sortiment an Einlagen ist sehr vielfältig. Grundsätzlich gilt: Je größer die Tasche, desto fester die Einlage. In der folgenden Aufstellung finden Sie Infos zu den in diesem Buch verwendeten Einlagen.

S 320
Leichte und sehr feste Einlage für Deko- und Baumwollstoffe, auch Schabrackeneinlage genannt. Eignet sich z. B. für Stoffkörbchen, Taschen oder Bastelarbeiten.

H 630
Ein Volumenvlies, das den Taschen einen wattierten Effekt und eine gleichmäßige, feste Oberfläche verleiht.

DECOVIL I
Eine aufbügelbare Einlage mit lederähnlichem Griff. Sie ist reißfest, schnittkantenfest und unempfindlich gegen Knicke.

Außerdem wurden folgende Vliesstoffe verwendet:

VLIESOFIX
Eine beidseitig haftende und aufbügelbare Vlieseline. Sie eignet sich hervorragend für Applikationen.

LAMIFIX
Eine transparente, fixierbare und abwaschbare Bügelfolie. Sie wird für Kulturbeutel und Taschen verwendet, die dann bei Bedarf mit einem feuchten Tuch abgewischt werden können.

Tipp: Die perfekte Einlage für mittelgroße Taschen können Sie selbst zusammenstellen: Eine Lage H 250 oder S 320, darüber H 630. An den Befestigungsstellen für die Träger und für die Taschenböden am besten Decovil I auf den Futterstoff bügeln. So erhält die Tasche eine wunderbare Haptik und genau die richtige Stabilität.

VERSTÄRKEN MIT VLIESELINE

In Schnitten und Anleitungen ist meist vorgegeben, welche Schnittteile mit welcher Art von Einlage versehen werden sollen. Aufbügelbare Einlagen sind hierbei am einfachsten zu handhaben. Sie besitzen eine gekörnte Klebeseite, die sich durch Bügeln mit dem Stoff verbindet, sodass nichts mehr verrutschen kann. Eine Bügelempfehlung ist bei den Vlieseline-Einlagen auf dem Kantendruck zu finden. Zuerst sollte eine Probe auf einem entsprechenden Stoffrest gemacht werden, um die Haftung zu prüfen.

Leder

Mit Leder arbeiten ist einfacher als man denkt! Versprochen. Testen Sie am besten zunächst ein dünnes Leder um zu sehen, wie gut es sich auf Ihrer Maschine verarbeiten lässt. Gerade, wenn mehrere Lederschichten genäht werden, ist ein dünnes Leder von Vorteil.

Leder franst nicht aus und muss daher weder versäubert noch umgeschlagen werden. Damit beim Nähen nichts verrutscht, das Leder und den Stoff mit einem speziellen Kontaktkleber einstreichen und trocknen lassen. Dann beide Teile fest aufeinander pressen und einige Zeit fixieren. Mit Naht und Klebstoff hält das Leder dann bombenfest!

VLIESELINE ZUSCHNEIDEN

Zum Zuschneiden der Vlieseline die entsprechenden Papierschnittteile auf die Vlieseline stecken, dabei wie beim Stoff den Fadenlauf berücksichtigen. Für halbe Schnittteile die Vlieseline doppelt legen und das Schnittteil im Bruch feststecken. Beim Auflegen von asymmetrischen Schnittteilen darauf achten, dass die gekörnte Klebeseite später auf die linke Stoffseite aufgebracht wird. Werden die Schnittteile auf die gekörnte Seite aufgelegt, müssen sie also umgedreht und spiegelverkehrt zugeschnitten werden.
Für die Taschen werden alle Einlagenteile ohne Nahtzugabe ausgeschnitten. So wird vermieden, dass die Nähte später zu stark auftragen.

VLIESELINE AUFBÜGELN

Den Vlieselinezuschnitt mit der gekörnten Seite auf die linke Stoffseite legen und nach den Bügelempfehlungen aufbügeln. Dabei laut Herstelleranweisung Schritt für Schritt oder langsam gleitend vorgehen und an jeder Stelle einige Sekunden leicht aufdrücken. Die verstärkten Stoffteile vor der Weiterverarbeitung etwa 20 Minuten abkühlen lassen.

ALLGEMEINE ANLEITUNG | 105

Wichtige Hinweise zum Nähen der Taschen

BÜGELN

Bügeln ist das A und O beim Nähen. Glätten Sie alle Nähte, das erleichtert alle Folgenähte. Bügeln Sie die Stoffe immer von links, um glänzende Stellen zu vermeiden und den Oberstoff nicht zu beschädigen. Eine alte Weisheit besagt: Gut gebügelt ist halb genäht!

WENDETASCHEN

Im Buch finden Sie bei einigen Taschen das Symbol „Wendetasche". Bei diesen Taschen sind Außenseite und Futter gleich gearbeitet und können von beiden Seiten genutzt werden. Also ganz ordentlich arbeiten und zur Belohnung gleich zwei Taschen erhalten.

BESCHNEIDEN VON NAHTZUGABEN

Damit die Nähte später glatt und ordentlich liegen, müssen die Nahtzugaben vor dem Wenden etwas beschnitten werden.

Ecken werden diagonal abgeschnitten. Dabei nicht zu nah an die Naht heran schneiden, sondern 2 mm Stoff stehen lassen. So ergibt sich beim Wenden keine Wulst in der Ecke.

Innenbögen einfach mit geraden Schnitten einschneiden, so liegt auch diese Naht nach dem Wenden flach. Der Bogen der Stoffkante ist kleiner als der Bogen der Naht. Ohne Einschnitte würde die Nahtzugabe spannen, Falten werfen und so für eine Wulst unter der Naht sorgen.

Außenbögen werden vor dem Wenden mit mehreren V-förmigen Einkerbungen versehen. Auch hierbei nicht ganz bis zur Naht einschneiden, sondern 2 mm Stoff stehen lassen.

VERDECKTE TASCHE MIT REISSVERSCHLUSS EINNÄHEN

MATERIAL
Reißverschluss, 16 cm
Stoff für die Innentasche,
2x 16 cm x 18 cm

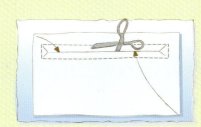

1... Das Stoffstück für die Innentasche rechts auf rechts auf den Taschenstoff legen. Dann mit der Nähmaschine ein lang gezogenes Rechteck von ca. 1 cm x 15 cm steppen und die Stoffe so verbinden. Mit der Schere beide Stoffe laut Abbildung Y-förmig aufschneiden. Jetzt den kompletten Innentaschen-Stoff durch die Öffnung auf die Rückseite des Taschenstoffs stülpen und alles schön flach bügeln.

3... Den Taschenstoff umdrehen und auf der Rückseite ein Stück Futterstoff auf den bereits festgenähten Futterstoff legen.

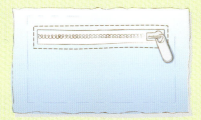

2... Einen farblich passenden Reißverschluss hinter das Loch legen, rundherum von rechts festnähen und so Reißverschluss und Taschenstoff verbinden.

4... Nun die beiden Futterstoffteile rundherum zusammennähen. Achtung: Den Taschenstoff nicht mit festnähen.

KLEINE VORDERTASCHE

MATERIAL
Rest Taschenstoff
Rest Futterstoff
Vlieseline® H 250
Knopf

1... Die kleine Tasche und die Klappe je 1x aus dem Taschenstoff und 1x aus dem Futterstoff zuschneiden.

2... Die kleinen Abnäher bei Taschenstoff und Futter nähen. Dann für die Tasche Taschen- und Futterstoff rechts auf rechts legen und alle Seiten bis auf eine kleine Wendeöffnung zusammennähen. Die Klappenteile ebenfalls rechts auf rechts legen und zusammennähen, auch hier eine Öffnung aussparen.

3... Tasche und Klappe auf rechts wenden. Dann die obere Taschenkante und die Rundung der Klappe zur Verzierung noch einmal von rechts absteppen und dabei die Wendeöffnungen verschließen.

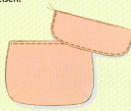

4... Den Knopf auf die Tasche aufnähen. Die entsprechende Stelle für das Knopfloch auf der Klappe markieren und das Knopfloch nähen. Nun beide Teile auf die Tasche nähen. Dabei darauf achten, dass der Abstand zwischen kleiner Tasche und Klappe stimmt und sich die Tasche gut zuknöpfen lässt.

Das eigene Label

Mit den Taschen gestalten Sie Ihre eigenen Kunstwerke, lassen Sie also alle Welt wissen, wer sie erschaffen hat. Im Internet gibt es mehrere Firmen, die Namensbänder nach individuellen Ideen oder vorgegebenen Vorlagen herstellen.

Dekorationen nähen

ROSE

1... Am Stoffstück die diagonal gegenüber liegenden Ecken abrunden. Dann die beiden langen Seiten gemäß der Pfeile rechts auf rechts legen und mit Stecknadeln fixieren.

2... Den Stoff mit einfachen Heftstichen zusammennähen. Dadurch, dass an den Seiten jeweils die Rundung an die gerade Kante genäht wird, verdreht sich das Stoffstück beim Nähen. Durch die letzte verbleibende Öffnung den Stoff wenden und die Lücke schließen.

3... Die verdrehte Naht gerade ausrichten, den Nähfaden locker raffen. Dann den Stoff aufwickeln, dabei den unteren Teil mit einigen Stichen fixieren.

MATERIAL
Stoffrest, 50 cm x 10 cm

BÄNDER-BLUME

1... Die Dekobänder jeweils zur Hälfte falten, mit den offenen Seiten Kante an Kante legen und in eine Reihe nähen.

2... Die zusammengenähten Dekobänder zu einer Schnecke legen und mit einigen Stichen von Hand zusammennähen. Zum Verdecken der losen Enden in der Mitte einen Knopf aufnähen.

MATERIAL
25 bis 30 Stücke von verschiedenen Dekobändern, je 15 cm lang

Knopf, ø 15 mm

ALLGEMEINE ANLEITUNG | 109

BLÜTE

MATERIAL
5 Stoffkreise, ø 7 cm
Knopf, ø ca. 2,5 cm

1... Einen Stoffkreis in der Mitte falten, sodass die rechte Stoffseite außen liegt. Dann entlang der Rundung mit Heftstichen zusammennähen. Dabei den Faden lang genug lassen, um noch die 4 anderen Blätter darauf auffädeln zu können. Den Faden an beiden Seiten raffen und die Rundung zusammenziehen. So ergibt sich die Form eines Blütenblatts.

2... Mit den restlichen vier Kreisen ebenso verfahren. Diese dabei jeweils mit dem gleichen Faden raffen, der schon beim ersten Blütenblatt verwendet wurde, sodass die Blütenblätter miteinander verbunden sind. Dann die beiden offenen Enden zusammennähen. Die Mitte mit einem ausreichend großen Knopf verdecken.

BUNTES WINDRAD

MATERIAL
Stoffrest gerissen, 45 cm x 4,5 cm
Stoffrest gerissen, 30 cm x 3,5 cm
Filzkreis, ø ca. 4,5 cm
Borte, 15 cm
Knopf, ø ca. 1,5 cm

1... Die kurzen Seiten des größeren Stoffstreifens rechts auf rechts legen, zusammennähen und so den Streifen zum Ring schließen.

2... Entlang einer der langen Seiten im Heftstich nähen. Dann an beiden Seiten den Faden raffen und die lange Seite zusammenziehen. So ergibt sich die Kreisform.

3... Aus dem zweiten Stoffstreifen einen Kreis auf die gleiche Weise fertigen. Dann das Dekoband ebenfalls heften und zusammenraffen. Den Filzkreis rundherum V-förmig einschneiden. Dann die drei Rosetten und den Filzkreis der Größe nach geordnet aufeinander legen, festnähen und mit einem stoffbezogenen Knopf (siehe Seite 97) dekorieren.

APPLIKATIONEN MIT STOFF UND FILZ

1... Das Vliesofix auf die Rückseite der bunten Stoffreste bügeln, dann die Applikation ausschneiden. Beides auf den Filzrest bügeln. Nun das Motiv mit einem Zickzack-Stich am Rand entlang aufnähen.

2... Die Applikation so ausschneiden, dass vom Filz ein ca. 2 mm breiter Rand stehen bleibt. Dann die Applikation auf die Tasche nähen.

MATERIAL
bunte Stoffreste   Filz, Rest
Nähgarn,   Vliesofix, Rest
glänzend

FRANSENAPPLIKATION

MATERIAL
Stoffrest

Aus einem Stoffrest das gewünschte Motiv ausschneiden und mithilfe von Vliesofix auf dem Untergrund fixieren, auf den appliziert werden soll. Nun die Konturen mit einfachem Steppstich ca. 3 mm vom Rand entfernt nachnähen. Den losen Stoffrand mit dem Fingernagel aufrauen. Ein besonders interessanter Effekt wird erzielt, wenn Teile des Motivs mehrlagig gearbeitet werden. Zum Schluss nach Wunsch mit Knöpfen oder Strasssteinen verzieren.

ALLGEMEINE ANLEITUNG | 111

Miriam Dornemann kam über einen kurzen Umweg als Beamtin vor einigen Jahren bei ihrem Traumberuf als Grafikerin an. Momentan nimmt sie sich eine kleine Auszeit von ihrem kreativen Job und kümmert sich um ihr neues Projekt, den im Sommer 2008 geborenen Sohn Johannes. Somit müssen ihre Hobbys manchmal bis in die späten Abendstunden warten. Dann aber gibt es kein Halten mehr und sie malt, näht, filzt oder arbeitet mit Papier.
Genäht hat sie eigentlich schon von Kindheit an, zunächst Puppenkleider und einfache Taschen, später dann Kleider für sich selbst und … noch mehr Taschen. Da war es nur eine Frage der Zeit, bis aus den gesammelten Ideen ein Buch entstand.
Noch mehr Ideen aus Papier und Stoff gibt es in ihrem Blog: www.mirid.de

HILFESTELLUNG ZU ALLEN FRAGEN, DIE MATERIALIEN UND KREATIVBÜCHER BETREFFEN: FRAU ERIKA NOLL BERÄT SIE. RUFEN SIE AN: 05052/91 18 58*

*normale Telefongebühren

Wir danken den Firmen Coats (Kenzingen), Rayher (Laupheim) und Westfalenstoffe (Münster) für die freundliche Unterstützung mit Materialien.

PROJEKTMANAGEMENT: Julia Strohbach
LEKTORAT: Miriam Heil
LAYOUT: Petra Theilfarth
ALLGEMEINE ANLEITUNG: Karin Roser
FOTOS: frechverlag GmbH, 70499 Stuttgart; lichtpunkt, Michael Ruder, Stuttgart
DRUCK UND BINDUNG: Korotan, Slowenien

Materialangaben und Arbeitshinweise in diesem Buch wurden von der Autorin und den Mitarbeitern des Verlags sorgfältig geprüft. Eine Garantie wird jedoch nicht übernommen. Autorin und Verlag können für eventuell auftretende Fehler oder Schäden nicht haftbar gemacht werden. Das Werk und die darin gezeigten Modelle sind urheberrechtlich geschützt. Die Vervielfältigung und Verbreitung ist, außer für private, nicht kommerzielle Zwecke, untersagt und wird zivil- und strafrechtlich verfolgt. Dies gilt insbesondere für eine Verbreitung des Werkes durch Fotokopien, Film, Funk und Fernsehen, elektronische Medien und Internet sowie für eine gewerbliche Nutzung der gezeigten Modelle. Bei Verwendung im Unterricht und in Kursen ist auf dieses Buch hinzuweisen.

8. Auflage 2011
© 2011 **frechverlag** GmbH, 70499 Stuttgart
ISBN 978-3-7724-6734-9 • Best.-Nr. 6734